저자 소개

글 **사회평론 역사연구소**
오랫동안 어린이 교육과 역사 콘텐츠를 연구한 전문가들이 모여, 우리 아이들이 쉽고 재미있게 공부할 수 있는 책을 만들고 있어요. 《용선생의 시끌벅적 한국사》, 《용선생 교과서 한국사》, 《용선생 처음 세계사》, 《교양으로 읽는 용선생 세계사》 등을 쓰고 펴냈어요.

김선빈
고려대학교 국어국문학과를 졸업하고, 국어·사회과, 역사와 관련된 다양한 교육 프로그램과 콘텐츠를 개발했어요.

정지윤
서울대학교 국어교육과를 졸업하고, 문화예술 기관에서 기획 업무를 담당했어요.

장유영
서울대학교에서 지리교육, 공통사회교육, 언론정보학을 공부했어요. 졸업 후 학교에서 학생들을 가르치다 지금은 어린이책을 만들고 있어요.

그림 **뭉선생**
2006년 LG·동아 국제 만화 공모전 극화 부문 당선으로 데뷔했어요. 《우주를 여는 비밀 열쇠》, 《용선생 만화 한국사》 등을 그렸어요.

그림 **윤효식**
2002년 《신검》으로 데뷔했어요. 《마법천자문 사회 원정대》, 《용선생 만화 한국사》 등을 그렸어요.

자문·감수 **서진영**
명덕외고 러시아어과, 연세대학교 노어노문학과를 졸업하고 러시아가 좋아서 한길만 걸어가요. 여행책 《이지 시베리아 횡단열차》, 《Tripful 블라디보스톡》을 썼고, 러시아 콘텐츠를 만들어 그 매력을 알리는 일을 하고 있어요.

캐릭터 **이우일**
홍익대학교에서 시각디자인을 공부했어요. 《우일우화》, 《고양이 카프카의 고백》, 《용선생의 시끌벅적 한국사》, 《교양으로 읽는 용선생 세계사》 등을 그렸어요.

용선생이 간다

세계 문화 여행·2

글 사회평론 역사연구소 | 그림 뭉선생, 윤효식 | 자문·감수 서진영 | 캐릭터 이우일

 러시아

사회평론

차 례

1일 모스크바

장하다, 러시아인의 소울푸드를 맛보다!   11

용선생의 스페셜 가이드
러시아 혁명의 지도자, 레닌을 만나다!   22

2일 모스크바

나선애, 모스크바에서 우주 비행사의 꿈을 키우다!   25

용선생의 스페셜 가이드
러시아가 쏘아 올린 우주 개발 시대   36

3일 수즈달

허영심, 수즈달에서 예술혼을 불태우다!   39

용선생의 스페셜 가이드
사진으로 알아보는 러시아 정교회   48

4일 상트페테르부르크

왕수재, 하얀 밤에 라이브 방송을 하다!   51

용선생의 스페셜 가이드
표트르 대제, 그는 누구인가!   60

5일 상트페테르부르크

곽두기, 여름 궁전에서 스타가 되다!   63

용선생의 스페셜 가이드
용선생의 친절한 발레 교실   70

6일 카잔

허영심, 러시아에서 K-pop을 따라 부르다!   73

용선생의 스페셜 가이드
알록달록 다양한 러시아의 민족   80

7일 시베리아 횡단 열차

장하다, 시베리아 횡단 열차에서 로맨스를 꿈꾸다! 83

용선생의 스페셜 가이드
숫자로 보는 시베리아 횡단 철도 90

8일 노보시비르스크

왕수재, 철도 박사가 되다! 93

용선생의 스페셜 가이드
러시아 겨울 탐구 생활 100

9일 바이칼 호수

곽두기, 바이칼 호수에서 일광욕을 하다! 103

용선생의 스페셜 가이드
알고 보면 풍요로운 땅, 시베리아 110

10일 블라디보스토크

나선애, 블라디보스토크에서 새로운 먹방 스타가 되다! 113

용선생의 스페셜 가이드
모르고 지나가면 아쉬운 러시아의 도시들 120

퀴즈로 정리하는 러시아 124

정답 126

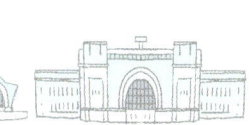

용선생
천재적인 가이드!
처음 가보는 여행,
걱정되지?
이 용선생만 믿어~

나선애
일정 짜기 마스터!
나야 나!
보고, 먹고, 즐기고!
알찬 여행은 나에게
맡겨!

장하다
잘 먹는 만큼 튼튼한 나!
넓디 넓은 러시아를
튼튼한 내 두 다리로
누비겠어!

허영심
셀카는 내가 최고지~
화려하고 예쁜 셀카
찍는 비결?
곧 공개합니다~

왕수재
나는야 언어 천재!
러시아는 영어가
잘 안 통한다고?
그래도 이 천재
왕수재를 믿어봐~

곽두기
모르는 길은 나에게
다 물어봐!
천부적인 감각으로
어디서든 기가 막히게
길을 찾지!

"나도 같이 여행할 거야! 곳곳에 숨어 있는 나를 한번 찾아봐!"

♥ 여행 1일째 모스크바에서

처음 만난 친구에게 하는
인사말은 알아야겠지?
'안녕.'은 "쁘리벳(Привет)."

토막 회화 한마디!

인사도 중요하지만 고마움을
표현하는 것도 빼먹을 수 없지!
'감사합니다.'는
"스빠시버(Спасибо)."

장하다,
러시아인의 소울푸드를 맛보다!

모스크바 → 붉은 광장 → 성 바실리 성당 → 레닌묘 → 크렘린

모스크바의 중심, 붉은 광장

흐아암, 러시아의 수도 모스크바에서 맞이한 첫날 아침!

으으~ 엄청 피곤하지만

해가 너무 빨리 떠서 일어날 수밖에 없었어.

호텔에서 아침을 든든하게 먹고 기지개를 쭉 켜고 나왔지.

오호? 여름인데 생각보다는 덜 덥네? 그런데 햇볕은 뜨겁다!

얼굴과 팔다리에 선크림을 꼼꼼히 바르고, 본격적인 러시아 여행에 나섰어.

"자, 이곳은 러시아의 상징이자 모스크바의 중심! 붉은 광장이야!"
선생님의 힘찬 발걸음을 따라 커다란 문을 지나니 탁 트인 광장이 나타났지.
정면의 뾰족뾰족한 건물과 왼편의 붉은 성벽, 오른편의 우아한 건물이
어우러진 모습이 매우 아름다웠어.
그래서인지 아침인데도 전 세계에서 온 관광객들이 바글바글~
우리는 이 순간을 기념하기 위해 다 같이 뱅글뱅글 돌며 사진을 찍었어.
하나 둘 셋, 김치!

국립 역사 박물관

? 광장 이름이 왜 '붉은 광장'이에요?

▶ 붉은 광장은 원래 '아름다운 광장'이란 뜻이야. 러시아어로 '붉은'이라는 단어가 원래는 '아름다운'이라는 뜻이었거든.

러시아 대표 건축물, 성 바실리 성당

"이야~ 저 건물 엄청 신기하게 생겼다!"
두기가 방방 뛰면서 지붕이 아이스크림처럼
생긴 건물을 가리켰어.
붉은 광장에서 가장 눈에 띄는 저 건물은
러시아에서 가장 유명한 성 바실리 성당이래.
화려한 양파 모양 지붕의 높이가 모두 달라서,
보는 위치에 따라 성당의 모습도 달라졌지.
우리는 다 같이 성당 주변을
빙~ 돌며 구경했어.
"오오~ 신기해!!"

당시 러시아 황제였던 이반 4세는 이 건물을 무척 아름답다고 생각했어. 혹여 비슷한 건물을 지을까 걱정되어서 건축가의 눈을 뽑아 버렸다는 이야기도 있단다!

뒤쪽은 어떤 모습이려나?

성 바실리 성당은 왜 만든 건가요?
▶ 약 460년 전, 황제 이반 4세가 전쟁에서 승리해 '카잔'이라는 도시를 차지한 것을 기념하려고 지었어.

겉모습이 예쁘니 안도 멋지겠지?

잔뜩 기대하며 성당 안으로 들어갔어.

"어머, 초상화*가 엄청 많아요!"
* 사람의 얼굴을 그린 그림

그러고 보니 사방에 그림이 정말 많았어.

저 그림들은 성경의 한 장면이나 인물을 그린 건데,

'이콘'이라고 부른대. 그리고 어디선가 노랫소리가 들려왔어!

소리를 따라가 보니 아저씨들이 반주도 없이 노래를 부르고 있었지.

중후한* 목소리가 듣기 좋아서, 우리도 잠시 눈을 감고 감상했어.
* 태도나 분위기가 무게 있고 점잖다.

성 바실리 성당에 있는 이콘

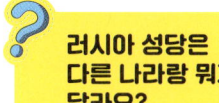
러시아 성당은 다른 나라랑 뭐가 달라요?

▶ 러시아에서는 신자들이 서서 기도하기 때문에 성당 안에 의자가 없어. 또 악기 반주 없이 오로지 사람의 목소리로만 성가를 부른대.

러시아 역사와 정치의 중심지, 크렘린

헉! 저기 엄청난 맛집인가? 왜 저렇게 줄을 섰지?

"저기는 혁명을 이끌어 러시아를 완전히 새롭게 바꾼 레닌의 무덤이란다!"

무덤이라니! 심지어 레닌의 시신은 유리관에 그대로 보존되어 있대.

시신이라는 소리에 영심이가 들어가기 싫다고 뒷걸음질을 쳤어.

나는 한번 보고 싶었는데, 아쉽다!

레닌 묘
혁명가 레닌의 묘. 붉은 돌을 층층이 쌓아 올린 피라미드 모양의 건물이야.

자자, 얘들아~ 우리의 목적지는 저 성벽 너머다! 출발~

도대체 얼마나 대단한 사람이었길래….

레닌이 누구예요? ▶ 러시아 혁명가이자, 세계 최초의 사회주의 국가 '소련'을 세운 사람이야. 레닌에 대해서는 뒤에서 자세히 설명해줄게!

냠냠~ 아이스크림을 먹으며 광장을 돌고 있는데,
맞은편에 길게 펼쳐진 붉은 성벽이 눈에 들어왔어.
저 붉은 성벽 너머에는 뭐가 있을까?
"자자~ 얘들아, 저기는 '크렘린'이라는 곳이야.
한번 들어가 볼까?"
크렘린은 러시아어로 '성채*'라는 뜻인데,
이 안에 러시아 황제들이 세운
멋진 건축물이 많이 있다는 설명도
덧붙이셨어.
오호~ 재밌겠는걸?

* 성과 요새를 아울러 이르는 말

후후, 성벽 뒤에도 맛있는 게 있으려나?!

웅성 웅성

? 크렘린에는 누가 살았나요?

▶ 크렘린은 1400년대에 이반 3세라는 황제가 이탈리아의 건축가들을 불러서 지은 거야. 오랜 시간 동안 러시아 황제들이 살았지.

"와~ 저거 진짜 황금이에요?
황금색 지붕이 눈이 부셔요!"
호화로운 저 건물은 옛날에 **황제의 대관식 같은 중요한 행사를 치르던 곳**이래.
이름은 **우스펜스키 성당**!
그 옆에 우뚝 솟은 종탑에 올라가면
크렘린이 한눈에 내려다보인다지 뭐야?
꼬불꼬불 계단을 올라가니
멀리 모스크바강까지 보였어.
게다가 나중에 알고 보니 러시아 대통령 아저씨도 이 크렘린 안에서 일한다더라고!

우스펜스키 성당

크렘린 안에는 어떤 볼거리가 있나요?

▶ 크렘린 안에는 성당 말고도 궁전과 극장, 무기 창고, 엄청 큰 종과 대포 등 볼거리가 많단다.

"어? 저기 사람들이 잔뜩 몰려 있어요!"
사람들이 모여 있는 곳으로 가 보니 멋진 군인들이
차례로 총을 착착 돌리고 있었어.
알고 보니 오늘은 크렘린을 지키는 군인들이 퍼레이드를 하는 날이래.
와아~ 사람들은 동영상을 찍고 박수를 쳤지.
그런데 갑자기 배에서 꼬르륵~! 우렁찬 소리가 났어!
사람들이 다 나를 쳐다봤어! 어휴, 얼굴이 화끈거렸지.
시계를 보니 벌써 밥 먹을 시간이네!

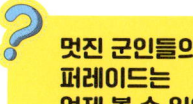

멋진 군인들의 퍼레이드는 언제 볼 수 있어요?

▶ 이 퍼레이드는 매주 토요일 12시에만 볼 수 있고, 겨울에는 하지 않아.

러시아 전통 요리 보르시, 샤슬릭

드디어 즐거운 식사 시간! 우리는 근사한 레스토랑에 갔지.
"오늘은 러시아 사람들이 즐겨 먹는 음식을 먹어 보자!"
빵을 먹으며 기다리는데,
새빨간 수프 보르시가 먼저 나왔어.
매우면 어쩌나 걱정하며 한 입 먹었는데,
이게 웬걸? 같이 나온 '스메따나'라는
크림을 넣어 먹으니 부드럽고 새콤한 것이
내 입에 딱 맞더라고!

스메따나 크림을 넣은 보르시

러시아 하면 보드카, 보드카 하면 러시아인데….

야야~ 체하겠다! 천천히 먹어~

저 새빨간 음료수의 이름은 뭔가요?
▶ 러시아 사람들이 자주 마시는 '모르스'라는 주스야. 크랜베리 같은 열매로 만들어서 새콤하면서도 달콤한 맛이 나지.

"하다 입에 맛없는 게 어딨겠어~ 흐흐."

보르시를 먹어 치운 뒤에는, 김이 폴폴 나는 샤슬릭을 먹기 시작했어.

샤슬릭은 고기와 야채를 꼬치에 끼워 숯불에 익힌 요리였지.

기름기가 쫙 빠져서 담백했어. 배가 부른데도 계속해서 먹게 되더라고!

선생님은 러시아의 대표적인 술 보드카를 못 마신다고 아쉬워하셨어.

우리는 다 같이 불룩 나온 배를 둥둥 두드리며 호텔로 돌아와 첫째 날을 마무리했지.

러시아식 꼬치구이 샤슬릭

오~ 보르시에는 채소가 많이 들어가는구나!

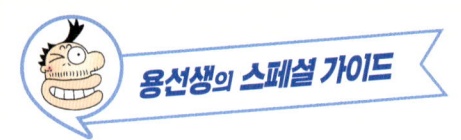
용선생의 스페셜 가이드

러시아 혁명의 지도자, 레닌을 만나다!

러시아의 수도 모스크바 한가운데에
무덤이 있는 사람, 러시아에서 가장 유명한 사람!
러시아를 새롭게 탄생시킨 혁명 지도자
레닌을 용선생이 단독으로 만나봤어!

레닌은 누구인가!
이름 : 블라디미르 일리치 레닌
출생-사망 : 1870년~1924년
국적 : 러시아
직업 : 혁명가

 **용선생**: 안녕하세요! 전 세계적으로 유명한 분을 만나 뵈니 너무 떨리네요. 만나서 반갑습니다.

 **레닌**: 하하, 안녕하세요. 멀리서 오시느라 수고 많으셨습니다.

 **용선생**: 근데 어떤 일을 하셨길래 이렇게 전 세계적으로 유명해지셨나요?

 **레닌**: 제가 러시아에서 혁명을 이끌었거든요.

 **용선생**: 혁명이라고요? 어떤 혁명이요?

레닌: 음, 먼저 당시 러시아 상황을 설명드려야겠네요. 지금으로부터 약 110년 전, 러시아의 농민과 노동자는 너무나 가난하고 비참하게 살았어요. 몇 안 되는 귀족과 부자만 땅과 재산을 독점하고 호화롭게 살았죠. 농민들은 당장 먹을 식량조차 없었는데 말이에요. 게다가 전쟁도 잦아서 가난한 사람들은 억울하게 목숨을 잃기 일쑤였습니다!

 하하, 흥분하신 것 같은데 좀 가라앉히시고…. 그래서 혁명을 이끄신 건가요?

맞습니다! 러시아 곳곳에서 농민들과 노동자들이 제 뜻을 지지해줬습니다. 저는 농민과 노동자 편에 서서 모두가 땅을 똑같이 나누어 가지고, 일한 만큼 대가를 받는 세상을 만들기 위해 노력했습니다.

▲ 연설하는 레닌

 그렇군요. 혁명은 성공했나요?

▲ 모스크바에 있는 레닌 동상

네. 혁명 이후 러시아는 모든 땅과 재산을 온 국민이 함께 가지는 나라가 됐습니다. 이런 나라를 **'사회주의 국가'**라고 해요. 반대하는 사람도 많았지만, 저는 반대 세력을 모두 몰아낸 뒤 나라 이름도 **소련**으로 바꾸었습니다. 그 이후 70년 가까이 세계 곳곳에서 사회주의 혁명이 일어났죠.

 그래서 지금도 선생님 묘에 사람들의 발길이 끊이지 않는 것 같네요. 이렇게 시간 내 주셔서 감사합니다!

허허, 러시아 곳곳에 제 동상이 서 있을 테니 반갑게 인사해주세요~

미로 찾기

두기가 잠깐 한눈판 사이에 선생님과 형, 누나들을 잃어버렸어.
무사히 성벽 밖으로 나갈 수 있게 도와줄래?

나선애, 모스크바에서 우주 비행사의 꿈을 키우다!

📍모스크바

우주 비행 박물관 ▸ 아르바트 거리 ▸ 이즈마일로보 시장 ▸ 참새 언덕 ▸ 모스크바 대학교

저 개의 주둥이를 만지면 행운이 찾아온다는 소문이 있거든!

저 동상 주변에만 사람들이 몰려 있네?

와~ 너무 아름다워!

내가 일등으로 만져야지!

승강장에도 신기한 게 있었어. 청동 동상이 늘어서 있었거든. 꼭 미술관처럼 말이야! 실제로 동상을 감상하는 사람, 사진을 찍는 여행자들도 많았지.

"러시아 사람들은 모스크바 지하철을 러시아의 자랑거리로 만들 생각이었대!"

아하~ 그래서 이렇게 공들여 웅장하게 지었구나! 심지어 역마다 디자인도 다 다르다지 뭐람?

천장이 아름다운 콤소몰스카야역

지하철역마다 동상이 있나요?

▶ 이 동상들은 모스크바 지하철 3호선 플로쉬지 레볼류치역에 가면 만날 수 있어. 꾸며진 모습은 역마다 각양각색이야. 모스크바 지하철역은 너무 멋져서 '지하 궁전'이라고도 불리지.

뛰어난 우주 과학 기술을 자랑하는 러시아

"우아~ 저게 뭐지?"

지하철역에서 나오자마자 멀리 은빛으로 반짝이는 거대한 탑이 보였어. 꼭 로켓이 하늘로 올라가는 것 같은 모양이었지.

"얘들아, 여기는 우주 비행 박물관이야! 러시아의 우주 과학 기술을 엿볼 수 있단다."

알고 보니 러시아는 세계에서 손꼽히는 수준의 우주 과학 기술을 자랑하는 나라래. 야호! 더 기대되는데?

얼른 들어가서 구석구석 살펴봐야지!

우주 정복자를 위한 탑
세계 최초의 인공위성 발사 7주년을 기념하면서 세워졌어.

와, 탑 진짜 멋지다!

오오~ 끝에 있는 우주선 좀 봐! 가슴이 콩닥거려!

탑 끝까지 잘 나오게 부탁해~

찰칵

부들 부들

우주 비행 박물관에서 무엇을 볼 수 있나요? ▶ 세계 최초의 인공위성 모형, 우주 정거장 모형, 로켓 엔진 등 러시아 우주 과학에 대한 여러 전시품을 볼 수 있지.

언젠가 나도 우주 비행사가 될 거야!

선애의 꿈 응원할게. 흐흐!

우주복이 아니라 잠수복 같은데?

그러려면 열심히 공부 해야 해!

박물관 입구에는 양팔을 벌린 우주 비행사 동상이 있었어. 이 사람은 **인류 최초의 우주 비행사**인 **'유리 가가린'**이래.
박물관에는 유리 가가린의 우주복과 우주에서 지구로 돌아올 때 탔던 우주선도 있었어. 전시를 보다 보니 나도 끝없는 우주를 탐험하는 우주 비행사가 되고 싶어졌어! 기대해줘! 미래의 우주 비행사 나선애!

유리 가가린의 우주복

29

러시아 대표 작가 푸시킨

어느덧 점심시간!
우리는 '카페 푸시킨'이라는 식당으로 향했어.
"옛날 영화 속으로 들어온 것 같아요!"
식당은 오래된 가구와 책들로 꽉꽉 차 있었어.
이 식당 근처는 '푸시킨'이라는 유명한 러시아 작가가 자주 산책했던 길이래.
우리는 철갑상어 알을 빵 위에 올려 먹었어.
으윽, 나는 비리고 짜서 많이 못 먹겠더라고!
철갑상어 알보다 시큼한 흑빵이 더 맛있던데….

**알렉산드르 푸시킨
(1799년~1837년)**

음~ 바다의 맛~
러시아 철갑상어 알이
세계 최고라더니~

야아~
아껴 먹어! 이거 엄청
비싼 거야!

삶이 그대를 속일지라도
슬퍼하거나 노하지 말라!

수재도
얼른 먹어~

? 푸시킨이 쓴 작품은 어떤 게 있나요?

▶ 푸시킨은 숱한 시와 소설을 남겼어. 수재가 읊고 있는 〈삶이 그대를 속일지라도〉라는 시가 많이 알려져 있지. 《예브게니 오네긴》, 《대위의 딸》 등의 소설도 유명해.

아유~ 배부르다. 소화도 시킬 겸 조금 걸어서 **아르바트 거리**로 갔어.

아르바트 거리는 알록달록한 건물들이 예쁜 곳이었어.

이곳은 '예술가의 거리'로 불리기도 한대. 그래서 그런지 거리 곳곳에 그림을 그리는 길거리 화가들과 거리 공연을 하는 음악가가 많았어.

"푸시킨 같은 러시아 대표 작가들이 여기서 젊은 시절을 보냈단다."

오호~ 옛날부터 예술가들이 좋아하던 곳이었구나!

아르바트 거리에 들러야 할 곳이 있나요?

▶ '빅토르 최'(1962년~1990년)라는 한국계 록 가수를 기억하는 글이 낙서처럼 적힌 벽이 있어. 살아 있을 때 인기가 엄청났던 그를 추모하기 위해 만들어진 벽이란다.

 **러시아 전통 인형 마트료시카**

"선생님~ 쇼핑은 언제 해요? 기념품 사야 되는데…."

영심이의 말에 우리는 다 같이 이즈마일로보 시장으로 향했어.

이 시장은 관광객들이 기념품을 사러 많이 찾는 곳이래.

알록달록한 입구를 지나 나무로 지어진 건물 사이로 상점들이 늘어서 있었어.

기념품 가게부터 음식점까지 없는 게 없었지.

"싸요~ 싸~ 구경하세요!"

헐! 한국어를 잘하는 러시아 아저씨도 있었어!

아저씨는 화려하게 색칠된 나무 인형을 보여주셨어. 엥? 갑자기 웬 인형?
그런데 인형 속에 똑같이 생긴 작은 인형이 또 있는 거야!
인형을 열고 또 열어도 작은 인형이 계속 나오더라고!
이게 바로 러시아 전통 나무 인형 마트료시카래.
가장 작은 인형까지 꼼꼼히 살피며 구경하다 보니 시간 가는 줄 몰랐어.
다른 애들도 각자 물건 구경하느라 신이 났지.

마트료시카

마트료시카에는 어떤 의미가 담겨 있나요?

▶ 마트료시카는 나무로 만든 러시아 전통 인형이야. 모양은 똑같고 크기가 다른 여러 개의 인형이 들어 있는데 부와 풍요를 의미한대.

정신 없이 구경하다 보니 날이 어두워졌어.
오늘 저녁에는 야경이 멋진 **참새 언덕**에서 샌드위치를 먹기로 했지.
"오잉? 선생님, 참새가 어딨어요?!"
알고 보니 이 언덕의 주인이었던 가문의 이름이 '참새'라는 뜻이라
그렇게 부른대. 나도 '선애 언덕' 있으면 멋지겠다!
밤이 되니 쌀쌀해졌지만, 반짝거리는
멋진 야경에 추위도 잊었지.

국제 비즈니스 센터
국제 기업과 대형 쇼핑몰이 모여 있지.
'모스크바 시티'라고도 불러.

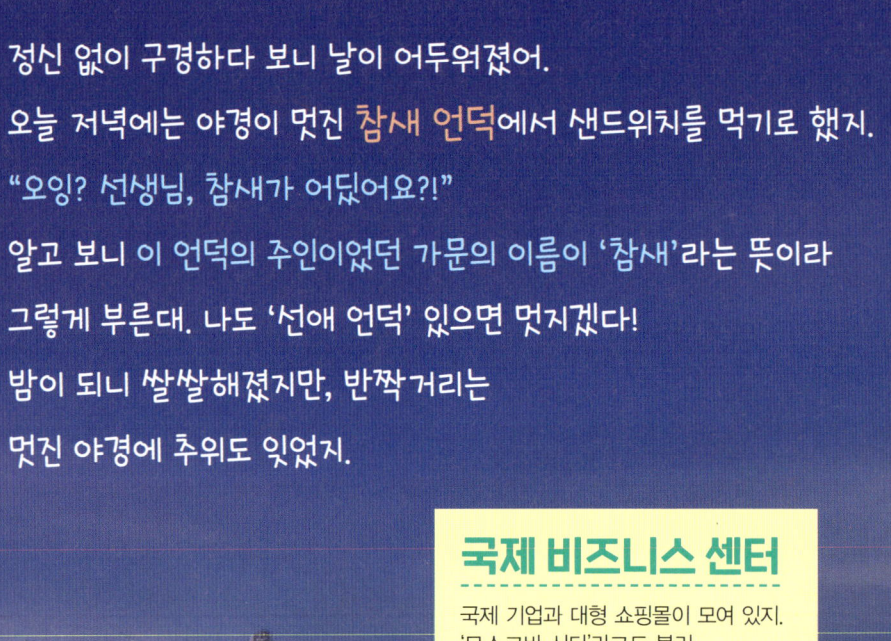

서울에 한강이 있다면, 모스크바에는 모스크바강이 있지!

선생님, 저 강 이름은 뭐예요?

에취

여름인데도 꽤 쌀쌀하네~

오들

러시아 최고 대학 **모스크바 대학교**

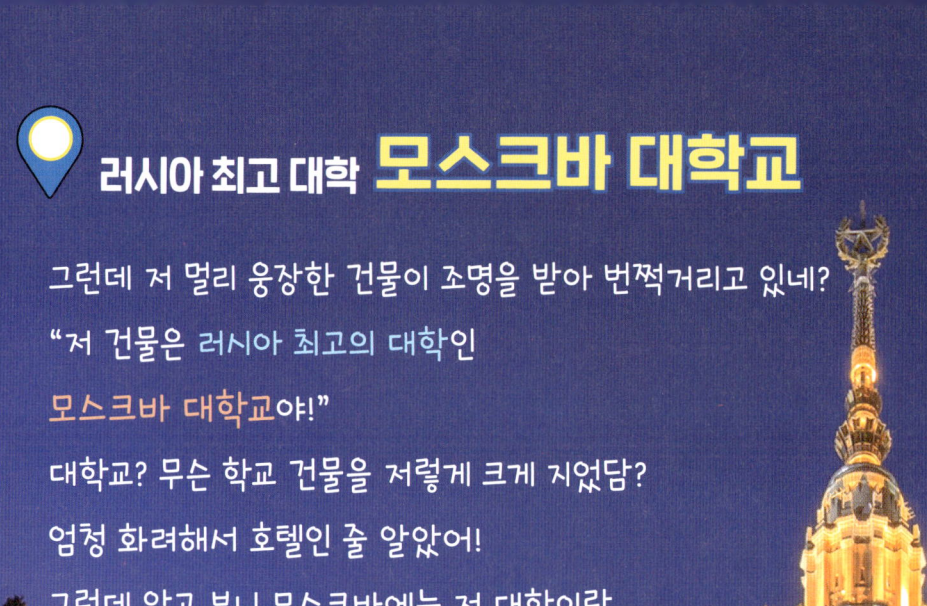

그런데 저 멀리 웅장한 건물이 조명을 받아 번쩍거리고 있네?
"저 건물은 러시아 최고의 대학인
모스크바 대학교야!"
대학교? 무슨 학교 건물을 저렇게 크게 지었담?
엄청 화려해서 호텔인 줄 알았어!
그런데 알고 보니 모스크바에는 저 대학이랑
비슷하게 생긴 건물이 여섯 채나 더 있대!
러시아의 힘을 뽐내려고 일부러 화려하고
웅장하게 지었다나~

어머, 꼭대기에 별이 달려 있어!

저 건물은 30층이 넘는대! 우리 아파트보다 높아!

이렇게 멋진 곳에서 공부하면 나도 1등 할 듯?!

과연?

모스크바 대학교와 비슷하게 생긴 건물은 어떤 것들인가요?

▶ 모스크바 대학교 이외에는 큰 호텔과 아파트 같은 건물들이야. 소련의 독재자였던 스탈린의 지시로 만들어서 '스탈린의 일곱 자매'라고도 불리지.

러시아가 쏘아 올린 우주 개발 시대

러시아는 우주 과학 기술에서 앞선 나라야.
세계 최초로 인공위성을 발사하고,
우주 비행에 성공한 나라이기도 하거든!
당연히 지금도 이 분야에서 세계에서 손꼽히는 수준이란다.
아이들이 모스크바 우주 비행 박물관을 관람하고 쓴 일기가 있는데,
같이 보면서 러시아의 우주 과학 기술에 대해 알아볼까?

'스푸트니크'는 러시아어로 동반자라는 뜻이야.

 척척박사 왕수재의 일기

제목 세계 최초 인공위성 스푸트니크 1호

1957년 10월 **세계 최초로 발사된 인공위성**이래. 과학 책에서 보던 걸 여기서 모형으로 직접 보니 신기했지. 4개의 긴 안테나를 단 공 모양인데, 지름은 58센티미터, 무게는 83킬로그램이나 돼.
이 인공위성은 초속 8킬로미터로 1시간 36분마다 지구를 한 바퀴 돌면서 신호를 보냈대. 3개월 동안 우주를 비행하다가 떨어져서 임무를 마쳤어. 나도 언젠가 우주를 떠돌며 맹활약하는 인공위성 왕수재 1호를 개발해야지!

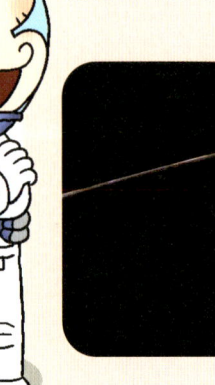

◀ 스푸트니크 1호

호기심 대왕 장하다의 일기

제목 우주를 여행한 개, 라이카

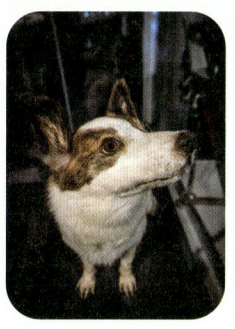
▲ 라이카 모형

▲ 스푸트니크 2호

이 작고 귀여운 강아지는 **인간보다 먼저 우주 여행을 한 동물**이야. 1957년 11월 발사한 스푸트니크 2호를 타고 우주 여행을 했거든. 저 귀여운 강아지가 무려 일주일 동안이나 우주를 혼자 여행하며 얼마나 무서웠을까? 고마워, 라이카~!

미래의 우주 비행사 나선애의 일기

제목 우주 시대를 연 우주 비행사 유리 가가린

짜잔! **세계 최초의 우주 비행사 유리 가가린**이야! 유리 가가린은 1961년 4월, 우주선 보스토크 1호를 타고 108분 동안 지구 한 바퀴를 도는 데 성공했어. 유리 가가린은 우주에서 '지

▲ 보스토크 1호 모형

유리 가가린은 우주 여행에 성공해서 소련의 국가 영웅이 되었어!

구는 푸르다!'고 외치며 정말 아름답다고 감탄했대. 우주 비행을 하는 동안 가가린은 지상과의 통신을 통해 자신의 몸 상태와 계기판에 나타난 우주선 상태를 지속적으로 보고했지. 그리고 우주선에서 자신이 좋아하는 노래를 휘파람으로 불 정도로 여유로웠대! 정말 멋지다~!

▲ 소련의 영웅이 된 유리 가가린

다른 그림 찾기

모스크바 우주 비행 박물관에서 찍은 두 장의 기념 사진이야.
서로 다른 부분이 일곱 군데나 있네? 같이 한번 찾아볼까?

허영심, 수즈달에서 예술혼을 불태우다!

블린 식당 ▶ 수즈달 크렘린 ▶ 목조 건축 박물관 ▶ 레닌그라드역

하암~ 어제 야경 보고 늦게 들어왔더니 피곤하네.
그래서 오늘 아침은 달달한 꿀과 과일을 곁들인 블린을 먹기로 했어.
블린은 러시아식 팬케이크인데 내 얼굴처럼 동그랗고 뽀얗더라고.

하다는 배가 많이 고프다고
훈제 연어랑 치즈가 든 블린을 먹었지.
블린은 아주 먼 옛날부터 먹었는데,
지금도 간단한 식사나 디저트로 자주 먹는대.

과일을 곁들인 블린

프꾸쓰나!
(BKYCHO)
맛있어!

동그란 부침개를
얇게 부쳐 놓은 것
같아~

블린의 둥근
모양은 태양을 상징해.
그래서 봄을 맞이하는
축제 때도 만들어
먹는단다~

이렇게
종류가 다양하다니!
신기해요~

블린은 어떻게 만들어요?
▶ 블린은 메밀가루와 밀가루, 우유와 달걀을 넣은 반죽을 얇고 둥글게 부친 팬케이크 같은 음식이야. 우리나라의 전병과 비슷하지.

역사가 깊은 도시 수즈달

"얘들아, 오늘은 모스크바 근처의 작은 도시 수즈달에 갈 거야!"
선생님께서 수즈달은 러시아에서 가장 오래된 도시라고 알려주셨어.
아주 오래된 건물이 많아서 도시 전체가 아주 큰 야외 박물관이라고도 하셨지.
나는 하늘하늘한 원피스를 골라 입고 호텔을 나섰어.
두근두근, 어떤 풍경이 기다릴지 너무 기대돼!

수즈달은 걸어서 다 돌아볼 수 있을 정도로 작은 도시야!

수달의 오래된 건물들은 유네스코 세계 문화유산으로 지정되었대~

수달이 아니고, 수즈달이거든?

아름다운 시골 마을에 놀러 온 거 같아요~!

? 모스크바 주변에는 가볼 만한 곳이 많이 있나요?

▶ 응. 모스크바 주변에는 수즈달처럼 러시아의 옛 모습을 간직하고 있는 멋진 도시들이 둥근 고리 모양으로 퍼져 있어. 이걸 '황금 고리'라고 하지.

📍 수즈달 크렘린

수즈달은 정말 평화롭고 작은 마을이었어. 걸어서 모두 볼 수 있을 정도였지.
"자자~ 수즈달 중심에 있는 크렘린으로 가보자."
오잉? 또 크렘린? 알고 보니 옛날 러시아 곳곳의 도시에 있던 성채는 모두 크렘린이라고 부른대. 그래서 러시아 여러 도시에 크렘린이 있는데, 그중에 모스크바의 크렘린이 제일 유명한 거지.

성모 탄생 성당
수즈달에서 가장 유명한 성당이야. 하얀 석회암으로 지어서 멀리서도 눈에 확 띄지.

신기하게도 수즈달 크렘린에는 높은 성벽이 보이지 않았어. 알고 보니 원래 있던 성벽이 불에 타서 없어졌다지 뭐야.
크렘린 안에 있는 성당은 하얀 벽에 독특한 별무늬 파란 지붕이 예뻐서 멀리서도 눈에 띄었지. 오늘 내 패션과 아주 잘 어울릴 거 같아서 기념 사진도 한 장 찰칵!
딩댕~딩댕~ 성당 바로 옆에 있는 종탑에서 아름다운 종소리가 울려 퍼졌어.
아~ 분위기 좋다~

하늘에서 바라본 수즈달 크렘린

니콜스카야 교회
나무로 지은 교회야. 옛날 러시아 시골 마을의 교회는 대부분 이런 모습이래.

수즈달 크렘린은 언제 지어졌나요?

▶ 수즈달 크렘린은 약 천 년 전에 건설되었어. 원래는 건물이 훨씬 많았는데 1719년 화재로 타버려서 지금은 일부만 남아 있는 거래.

목조 건축 박물관

조금 쉰 다음에 밖으로 나왔는데, 앗! 우아한 마차 발견!

"우리 이 마차 타고 강 건너로 가 보자!"

다그닥, 다그닥. 마차를 타고 강 건너로 오니 나무로 만든 건물들이 잔뜩 있었어. 목조 건축 박물관이라는 곳인데, 교회부터 풍차, 집, 마구간까지 모두 다 나무로 만들었더라고!

여기는 옛날 러시아 사람들의 삶을 엿볼 수 있는 민속촌 같은 곳이래. 그래서인지 체험 학습을 나온 러시아 학생들도 만날 수 있었지.

박물관에 전시된 통나무집 내부

러시아에는 왜 목조 건축물이 많아요? ▶ 러시아에는 집 짓기 좋은 큰 나무가 풍부하거든. 그래서 나무로 여러 건물들을 지었지. 러시아의 전통적인 통나무 주택을 '이즈바'라고 해.

파란 하늘 아래, 초록빛 잔디밭, 나무로 된 집들을 보고 있으니
마치 동화 속 주인공이 된 것 같았어!
이 풍경을 그림으로 남겨야겠다는 생각이 들었지.
그래서 누가 누가 풍경화를 더 잘 그리는지 내기를 하기로 했어.

에이~ 그런데 뭐야.
이제 보니 나만 열심히 그렸잖아?
흥, 다들 낭만을 모른다니까!

에휴~ 역시 나같이 훌륭한 예술 감각이 흔한 건 아니지!

지금도 러시아 시골 사람들은 통나무집에 사나요?

▶ 아주 시골에서는 여전히 나무로 만든 집에서 살기도 해. 도시 사람들이 시골에 작은 집을 짓고 주말에 내려와 쉬거나 텃밭을 가꾸기도 하는데 이런 곳을 '다차'라고 불러.

버스를 타고 다시 모스크바로 돌아왔어. 이제 모스크바를 떠날 시간이래.

"아~ 이제 모스크바랑 정들었는데…. 아쉬워요!"

다음 목적지를 가려면 기차를 타야 한다는데,

모스크바에는 기차역이 9개나 있다지 뭐야?

목적지에 따라 기차역이 다 다르니 잘 알아봐야 되겠더라고!

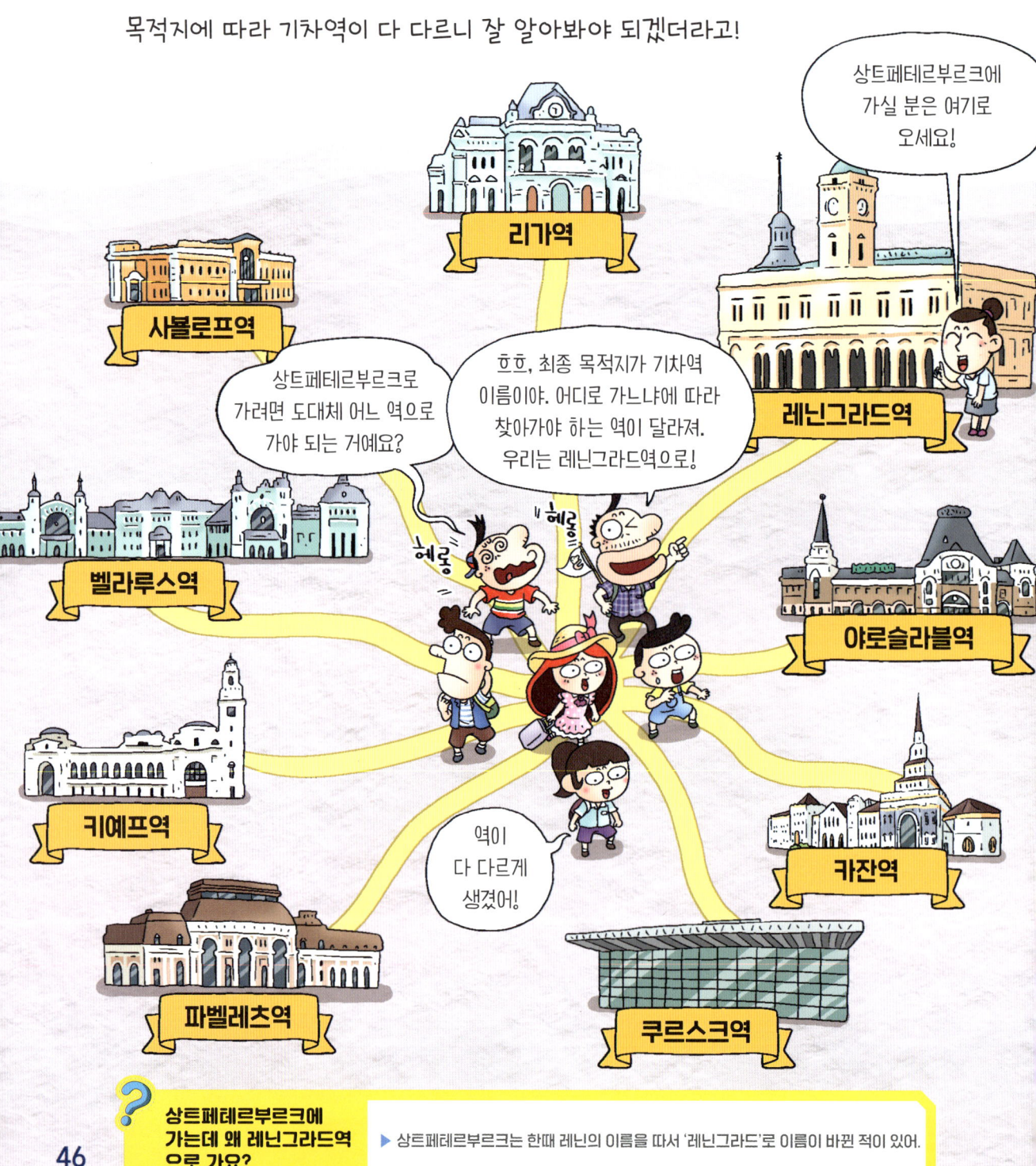

상트페테르부르크에 가는데 왜 레닌그라드역으로 가요?

▶ 상트페테르부르크는 한때 레닌의 이름을 따서 '레닌그라드'로 이름이 바뀐 적이 있어.

"우리가 오늘 탈 기차가 러시아 기차 중에 제일 빠르대!"

간식거리를 잔뜩 산 하다가 신이 나 이야기했어.

자그마치 네 시간 동안 거의 안 쉬고 최고 시속 250킬로미터로 달린대.

그렇게 멀리까지 가도 여전히 러시아라니…….

우아, 역시 세계에서 가장 큰 나라답네!

내일은 또 어떤 멋진 풍경이 펼쳐질지 기대하며 잠이 들었어.

우리나라 KTX처럼 고속 열차 이름이 있나요?

▶ 러시아에도 여러 고속 열차가 있어. 가장 대표적인 고속 열차 이름은 '삽산'이지. 러시아어로 '매'라는 뜻이야.

 용선생의 스페셜 가이드

사진으로 알아보는 러시아 정교회

러시아를 여행하다 보면 크고 작은 러시아 정교회 성당들을 자주 볼 수 있어.
러시아 사람들이 많이 믿는 러시아 정교회는 크리스트교의 한 갈래인데,
우리가 아는 크리스트교와는 여러모로 다르단다.
선생님이 SNS에 올린 사진을 보면서 러시아 정교회에 대해 함께 알아볼까?

 yongteacher_official

이른 아침 다녀온 구세주 그리스도 성당!
러시아 정교회 성당은 특이한 지붕 모양 때문에 봐도 봐도 질리지 않는다. 러시아는 겨울이 길고 눈이 많이 내려서, 지붕에 눈이 쌓이지 않게 하려고 지붕을 저렇게 양파 모양으로 만들었다고 하더라~ 아무튼 참 귀엽단 말이지!
그리고 겨울에 바람이 들어오지 못하도록 창문도 작게 만들고, 벽도 매우 두껍게 만든다. 그래서 그런지 실내로 들어가니 매우 조용하다.
근데 가 본 성당마다 전부 의자가 없어서 검색해 보니 러시아 정교회 성당에서는 다들 서서 기도를 한다네? 다리가 아팠지만 서서 구경할 수밖에….

#모스크바 #여행 #구세주그리스도성당 #양파지붕귀여워 #얘들아미안 #선생님의자유시간

yongteacher_official

오랜만에 추억 여행! 벌써 10년도 더 지난 사진이다~
바로 러시아에서 부활절을 즐기며 찍은 사진들!
부활절은 예수님이 부활한 것을 기념하는 날이다. 러시아 최대 명절이자 국가적인 행사라서 볼거리가 많았다. 모든 상점과 거리가 축제 분위기♬
부활절 전날 밤에는 성직자들이 큰 십자가를 들고 성당 주변을 행진하는데, 성직자가 "예수님이 부활하셨다!"라고 먼저 외치면 뒤따르는 사람들 모두가 한 목소리로 "진정 부활하셨다!"라고 답한다. 나도 따라서 외쳐봤던 기억이 새록새록~
맞아! 부활절에는 신부님이 성스러운 물을 뿌리며 사람들을 축복한다. 나도 물방울을 맞으려고 기웃거렸지~

#러시아　#러시아정교회　#부활절　#추억여행　#젊은시절_그립다　#한때나도잘나갔지

숨은 그림 찾기

기차를 놓치지 않으려고 서두르다 보니 가방이 열린 줄도 몰랐네!
가방에서 빠진 내 소지품들을 찾아줄래?

잃어버린 물건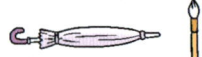

왕수재, 하얀 밤에 라이브 방송을 하다!

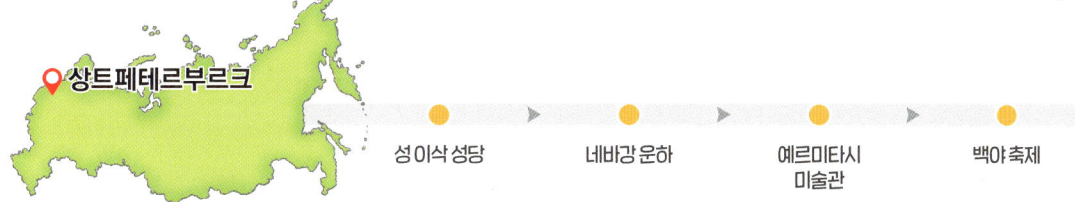

상트페테르부르크 → 성이삭 성당 → 네바강 운하 → 예르미타시 미술관 → 백야 축제

러시아 제2의 도시 상트페테르부르크

오늘은 상트페테르부르크에서의 첫날!

상트페테르부르크는 러시아에서 두번째로 큰 도시야.

옛날 러시아 제국의 수도이기도 해서 볼거리가 무척 많지!

가장 먼저 들른 곳은 성 이삭 성당!

"와, 저거 봐! 엄청 큰 황금색 지붕!!"

대단해! 어찌나 큰지 멀리서도 번쩍번쩍 눈에 띌 정도였어.

알고 보니 저 황금색 지붕에는 진짜 금이 100킬로그램 넘게 쓰였대!

> 형, 누나! 저기 봐! 엄청 커!!

> 저게 다 금이라니!

> 높이가 무려 100미터! 짓는 데 40년이나 걸렸지!

성당이 엄청 화려한데, 크기도 큰가요?

▶ 성 이삭 성당은 세계에서 네 번째로 큰 성당이야. 높이가 101미터에 달하고 무려 12,000명이나 들어갈 수 있단다.

안으로 들어가 보니 사람들이 다 위를 쳐다보고 있었어.
왜 그런가 했더니 천장이 엄청 아름답더라고!
주로 성경 속 이야기나 성경에 나오는 인물들을
묘사한 그림들인데, 매우 정교하고 화려했지.
그래서 우리는 가장 아름다운 천장 아래 옹기종기
동그랗게 모여서 사진을 찍었어. 천장이 잘 나오게 말이지!

성당 내부의 화려한 조각품

 천장 그림 말고도 볼거리가 많나요? ▶ 성당 내부에는 러시아 조각가들이 만든 천사와 문 장식 조각 등 조각품만 350여 점이 넘고 벽화와 그림도 150개가 넘어!

표트르 대제(1672년~1725년)

📍 러시아의 발전을 이끈 표트르 대제

성당에서 나와 가까운 광장으로 향했어. 광장 한가운데에는 금방이라도 하늘을 향해 뛰어오를 것 같은 동상이 있었지.

"와~ 멋있다! 이 사람은 누구예요?"

크크, 나는 답을 알고 있었어. 바로 황제 표트르 1세! 이 도시를 만든 사람이지. 업적이 워낙 대단한 사람이라, '대제'라고 부르기도 해. 위대한 황제란 뜻이지.

상트페테르부르크라는 도시 이름도 사실은 '표트르의 도시'라는 뜻!

표트르 대제가 누구예요?

▶ 러시아의 발전을 이끈 사람이야. 서양 문물을 적극적으로 받아들여서 새로운 러시아의 시대를 열었어. 자세한 건 용선생의 스페셜 가이드를 참고해!

54

세계적인 화가들의 작품이 가득한 예르미타시 미술관

"얘들아, 좀 쉬었지? 이제 진짜 재밌는 구경이 남았어!"
눈앞에 거대한 에메랄드 색 건물이 나타나자 선생님께서 활짝 웃으셨어.
후후~ 그럴만도 하지! 저기는 바로 세계 3대 미술관 중 하나로 손꼽히는 예르미타시 미술관이거든!
예르미타시에는 세계 곳곳의 예술품 수백만 점이 모여 있어.

예르미타시 미술관

레오나르도 다빈치,
〈마돈나 리타〉 (1490년 무렵)

이게 러시아 화가 칸딘스키 그림이구나. 호오!

바실리 칸딘스키, 〈구성 6〉 (1913년)

어휴, 여기 너무 넓다아~

미술관이 왜 이렇게 화려하고 웅장해요? ▶ 이 미술관은 원래 러시아 황제들이 머물던 '겨울 궁전'이었어. 예카테리나 2세가 수집한 예술품을 보관하고, 전시하기 위해 작은 궁전들을 더 지으며 지금의 모습이 되었지.

볼거리가 어찌나 많은지 1분에 하나씩 봐도 무려 8년이나 걸린대!
미술관이 워낙 넓어서, 원하는 작품만 빠르게 볼 수 있도록 계획을 짰어.
고민 끝에 세계적으로 유명한 레오나르도 다빈치, 미켈란젤로, 칸딘스키의 작품을
보기로 했지. 어휴, 그런데도 보고 싶은 작품이 너무 많더라고!
게다가 방은 어찌나 화려하고 색다른지 여기저기 구경하느라 매우 바빴어.
맞아! 한국어 오디오 가이드도 있었어! 가이드를 들으며 꼼꼼히 감상하느라
내가 미술관에서 맨 마지막으로 나왔지. 휴~ 힘들다.

한국어 오디오 가이드를 들으니 이해가 잘 되네.

렘브란트 반 레인, 〈플로라〉 (1634년)

빈센트 반 고흐, 〈밤의 하얀 집〉 (1890년)

이 아저씨는 왜 이렇게 웅크리고 있지?

찰칵

미켈란젤로, 〈웅크린 아이〉 (1530~1534년)

낮처럼 환한 밤, 백야

식당에서 저녁을 먹고 나왔는데 아직 낮처럼 환했어.
시계를 보니 밤 10시가 넘었네?
"이렇게 밤이 되어도 해가 지지 않는 현상을 '백야'라고 해. '하얀 밤'이란 뜻이지."
앗, 나도 들어 봤어! 상트페테르부르크처럼 북극에 가까운 지역에서
한여름이면 이런 현상이 발생하지!
상트페테르부르크에서는 매년 백야를 즐기는 축제도 열린대.

펑
펑

한국에 계신 여러분~ 잘 보이시나요?

어머, 배가 너무 예쁘다!

"오오~ 저기서 불꽃놀이 한다!"

펑펑! 불꽃놀이와 함께 붉은 돛을 단 배가 네바강에 등장했어.

저 배는 1년에 한 번만 볼 수 있다는데, 완전 운이 좋은걸?

그리고 이때! 네바강의 다리가 마술처럼 활짝 열리는 거야.

이 순간을 혼자만 볼 수는 없지!

바로 라이브 방송으로 한국에 있는 가족들에게도 이 모습을 전했어.

엄마, 아빠~ 저 여섯 밤만 더 자고 갈게요!

펑

펑

슈우웅

우와~

아이고 우리 아들~ 얼굴이 반쪽이 됐네!

엄마~ 오늘 네 끼밖에 못 먹었어~

헐

? 불꽃놀이 말고 다른 볼거리도 있나요?

▶ 그럼! 축제 기간에는 도시 곳곳에서 러시아 민속 공연, '백야의 별'이라는 클래식 음악 축제 등 다양한 공연이 열려서 볼거리가 아주 많단다.

용선생의 스페셜 가이드

표트르 대제, 그는 누구인가!

오늘 우리가 둘러본 상트페테르부르크는 표트르 1세가 만든 도시야.
표트르 1세는 개혁에 앞장서서 러시아를 강대국으로 키워낸 인물이지.
그래서 존경의 의미를 담아 '표트르 대제'라고도 부른단다.
표트르 대제가 어떤 삶을 살았는지 궁금하지 않니?
이 용선생이 알려줄게!

네덜란드에서 유학 중인 표트르
표트르는 서유럽의 앞선 기술을 배우는 데 앞장섰어. 그림 오른쪽 끝에 서 있는 키 큰 남자가 바로 표트르야.

1672년 5월 30일 모스크바에서 태어나다 → **1689년** 러시아의 최고 통치자가 되다 → **1697년 3월** 서유럽으로 유학을 떠나다 → **1698년** 강력한 국가 건설을 위해 개혁을 시작하다 → **1700~1725년** 군사학교, 종교학교 등 다양한 학교를 세우다

어린 시절 표트르
어렸을 때는 외모가 아름다워서 귀여움을 많이 받았대.

20대의 표트르
표트르는 키가 2미터가 넘어서 어디서나 눈에 띄었대.

귀족의 수염을 자르는 모습
표트르는 거추장스러운 수염을 자르도록 명령하고, 긴 수염에 세금을 매겼어.

러시아가 크게 이긴 폴타바 전투(1709년)
20년에 걸친 전쟁에서 승리해 러시아의 영토를 크게 넓혔어.

표트르 대제의 초상화
표트르는 자신을 '황제'라고 부르며 왕권을 크게 키웠어.

상트페테르부르크 건설을 고민하는 표트르
표트르는 바닷길을 통해 해외로 나가는 길을 열기 위해 많은 고민과 노력을 기울였어.

1700~1721년
스웨덴과의 전쟁에서 승리해 영토를 넓히다

1703년
러시아 최초의 신문을 발행하다

1703~1712년
상트페테르부르크를 건설하다

1712년
상트페테르부르크로 수도를 옮기다

1721년
표트르 '황제'라는 칭호를 사용하다

1725년 1월 28일
겨울 궁전에서 숨을 거두다

1700년대 중반 상트페테르부르크 네바강 강변 풍경 상트페테르부르크는 러시아의 대표 대도시로 성장했어.

숨은 인물 찾기

백야 축제를 신나게 즐기다 보니 모두 뿔뿔이 흩어져버렸어.
많은 사람들 속에서 아이들을 찾아 줄래?

곽두기, 여름 궁전에서 스타가 되다!

여름 궁전 (페테르고프) ▶ 넵스키 대로 ▶ 마린스키 극장

러시아 황제들이 머물던 **여름 궁전**

"오늘 우리가 갈 곳은 바로 페테르고프야.
'여름 궁전'으로 부르기도 하지."
지금 여름이라서 여름 궁전인가? 가을에 오면 가을 궁전?
선생님께 여쭤보니 옛날 황제들이 여름에 머물던 궁전이래.
궁전을 향해 숲길을 따라 걸어가니 황금빛 동상과 분수대가 나타났어.
분수 말고도 궁전과 교회, 수많은 조각상들이 참 화려했지.
형, 누나 따라서 열심히 뛰어다니다 보니 시간 가는 줄도 몰랐네!

삼손 분수
여름 궁전에서 가장 유명한 분수야. 성경 속 인물인 삼손이 사자의 입을 벌리는 모습을 하고 있지.

영감이 온다!

미래의 명 지휘자 탄생!

어? 궁전 앞 분수로 사람들이 점점 모여드네?
우리도 궁금한 마음에 분수 앞으로 갔어.
쏴아! 11시가 되니 웅장한 음악과 함께
분수들이 시원하게 물을 뿜기 시작하는 거야!
"캬아~ 보기만 해도 시원해요!"
나는 웅장한 클래식 음악에 맞춰서 이리저리 지휘를 했어. 짜자잔♬
앗! 사람들이 나를 찍고 있잖아? 하하, 이렇게 스타 탄생인가!

페테르고프에는 분수가 많나 봐요? ▶ 무려 150개의 분수가 있대. 그래서 별명이 '분수의 궁전'이야.

"얘들아, 조금 특별한 버스를 타고 가볼까?"

우리는 전선에 연결된 버스를 탔어.

전선을 따라 움직이는 버스라니 신기해! 이름은 '트롤리버스'래.

트롤리버스는 전선을 타고 골목 구석구석을 누볐어.

덕분에 편하게 앉아서 상트페테르부르크의 여기저기를 다닐 수 있었지.

거리를 달리는 트롤리버스

조용하고, 매연도 안 나오고~ 좋다~

길 위에 이렇게 긴 전선이 이어져 있는 게 신기해요!

상트페테르부르크에서는 버스를 어떻게 타요?

▶ 우리나라처럼 교통 카드나 현금을 내고 타면 돼. 그런데 버스 안에는 버스비를 직접 받거나 카드를 제대로 찍는지 확인하는 사람이 있단다.

우리는 넵스키 대로에서 버스를 내렸어.
상트페테르부르크에서 가장 붐비는 곳이래.
"아, 맞다! 저 꼭 사고 싶은 게 있어요!"
영심이 누나가 찾아간 가게는 270년이 넘는
전통을 가진 러시아 대표 도자기 매장이었지.
가게 가득 화려한 그릇이 쌓여 있었어.
선생님이 그러시는데, 러시아에는 도자기를 사랑한
황제가 많아서 유럽에서 기술자를 들여오고,
연구도 많이 했대.
그래서 이렇게 예쁜 도자기가 많은 거구나!

1750년대에 만든 화려한 문양의 접시

 도자기를 사랑한 황제가 누군지 궁금해요! ▶ 옐리자베타 황제가 유명해. 1744년 러시아 최초의 왕립 도자기 회사인 '러시아 황실 도자기'를 만들었거든.

러시아 최고의 극장 마린스키 극장

우아~ 저 아저씨 힘세다~

꾸벅 꾸벅

쉿, 공연 매너도 몰라?

엄청 높이 들었어! 무서울 거 같아!

룰루루~ 영심이 누나가 신이 난 듯 콧노래를 불렀어.
오늘은 바로 누나가 기다리던 발레 공연을 보는 날이야!
"내가 오늘을 위해 미리 인터넷으로 좋은 자리를 예매했지!"
누나는 일부러 예쁜 옷까지 골라 입었대. 히히.
우리는 공연이 열리는 민트색의 마린스키 극장 앞에서 다 같이
사진을 찍고 극장 안으로 들어갔어.
마린스키 극장은 러시아 최고의 발레, 오페라 공연 극장이래.
와~ 극장 내부는 온통 황금빛으로 반짝거렸어. 꼭 귀족이 된 기분이 들었지!
공연도 굉장했어. 공연 시간 내내 입을 못 다물겠더라.
어쩜 그렇게 사뿐사뿐 높이 뛰고, 뱅글뱅글 흔들림 없이 도는지!
영심이 누나는 입을 헤 벌리고 무대로 빨려 들어갈 것 같았다니까!

발레는 러시아에서 시작됐나요? ▶ 아니, 발레는 이탈리아에서 처음 시작됐어. 하지만 러시아는 수백 년간 외국 무용수들을 데려와 무용 학교도 세우고 아낌없이 지원해서 발레를 크게 발전시켰지.

마린스키 극장

러시아에서 유명한 발레단은 뭐예요?

▶ 마린스키 극장에 소속된 '마린스키 발레단'과 모스크바 볼쇼이 극장에 소속된 '볼쇼이 발레단'이 세계적으로 유명해.

용선생의 친절한 발레교실

러시아는 '발레의 나라'라고 할 정도로 발레가 유명해. 특히 러시아 출신의 차이콥스키 같은 유명 작곡가가 만든 발레 음악 덕분에 러시아 발레가 세계에 더욱 널리 알려졌단다. 러시아에 왔으니 발레를 배워보면 좋겠지? 함께 배워볼까?

"기본 자세도 만만치 않네~"

"누나, 왜 이렇게 잘해?"

"나처럼 평소에 스트레칭 좀 하지~"

● **기본 자세**
어깨를 내리고 팔을 타원 모양으로 만들어. 무릎은 바깥으로 돌린 상태로 두 다리를 꼭 붙인 자세야.

● **쁠리에**
'무릎을 굽히다.'라는 뜻으로 한쪽 또는 양쪽 무릎을 구부리는 동작이야. 무릎을 반만 구부리는 '드미 쁠리에'와 크게 구부리는 '그랑 쁠리에'가 있어.

튀튀

발레리나가 입는 서양식 치마를 말해. 종아리까지 오는 종 모양의 로맨틱 튀튀와 짧고 옆으로 퍼진 형태의 클래식 튀튀가 있지.

토슈즈

발레용 신발이야. 발끝으로 서는 것이 가능하도록 만들어진 특수한 신발이지.

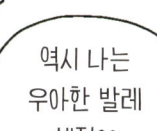

● **아라베스크**

한쪽 다리로 중심을 잡고 다른 쪽 다리는 무릎을 편 채 뒤로 올리는 동작이야. 기본 자세 중 가장 아름다운 자세지.

표트르 일리치 차이콥스키 (1840년~1893년)

러시아의 작곡가 차이콥스키는 교향곡, 오페라, 가곡 등 여러 작품을 만들었어. 그중에서도 발레곡 〈백조의 호수〉, 〈잠자는 숲속의 미녀〉, 〈호두까기 인형〉으로 러시아 음악을 세계적으로 알려서 '발레곡의 대가'라고 불리지.

시대에 어울리지 않는 물건 찾기

표트르 대제가 가족들과 여름 궁전에서 산책하는 풍경화를 감상하고 있어.
그런데 그림을 잘 살펴보니 이 시대와 어울리지 않는 것들이 있네?
모두 다섯 가지야. 한번 찾아볼까?

허영심, 러시아에서 K-pop을 따라 부르다!

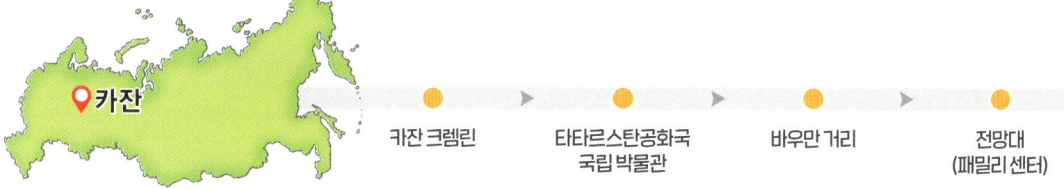

카잔 크렘린 ▸ 타타르스탄공화국 국립 박물관 ▸ 바우만 거리 ▸ 전망대 (패밀리 센터)

타타르인의 도시 카잔

오늘 둘러볼 곳은 카잔이라는 도시래.

러시아의 소수민족인 타타르인이 많이 사는 도시지.

그런데 가장 먼저 갈 장소가 글쎄 또! 크렘린이라는 거야.

"카잔의 크렘린에는 특별한 곳이 있거든!"

선생님 말을 믿고 하얀 성벽으로 둘러싸인 카잔 크렘린으로 향했어.

"어? 저기 뾰족한 탑으로 둘러싸인 건물이 있어요!"

특이한 하늘색 지붕이 보였어. 가까이 가서 보니 뾰족한 탑 위에 초승달 모양 장식이 있네? 저 건물은 이슬람 사원이래. 알고 보니 타타르인은 이슬람교를 믿는다더라고!

카잔 크렘린에 있는 이슬람 사원 입구
타타르어, 러시아어, 아랍어, 영어 네 가지 언어로 이름이 쓰여 있어.

타타르스탄공화국 국립 박물관

"옛날에 타타르인이 어떻게 살았는지 알아볼까?"

휴, 박물관이라니! 박물관을 좋아하는 수재는 환호성을 질렀지만~ 나는 박물관은 별로 안 좋아해서 큰 기대는 없었어.

어라, 그런데 막상 가 보니 박물관 건물이 크고 아름다워서 조금 관심이 생겼지.

우리는 각자 흩어져서 보고 싶은 걸 보고 만나기로 했어.

타타르스탄공화국 국립 박물관

나는 타타르인이 어떤 옷을 입고 살았는지 궁금했어.
그래서 타타르인의 전통 복장, 모자, 보석을 주로 둘러봤지.
알록달록 자수로 장식된 옷과 반짝이는 보물들을 구경하다 보니, 시간이 금방 갔어!
"어머, 이 부츠 너무 예쁘다!"
타타르인은 이렇게 화려한 자수를 놓은 부츠를 신고 다녔다지 뭐야.
나도 하나 갖고 싶다~!

전통 복장을 입고 축제를 즐기는 타타르인

타타르인은 얼마나 많나요?

▶ 러시아의 타타르인은 500만 명이 넘어. 꽤 많지? 러시아에는 그밖에도 소수민족이 많은데, 자세한 이야기는 조금 이따 해 줄게~

카잔에서 제일 붐비는 바우만 거리

다음으로 찾아간 곳은 카잔의 번화가인 바우만 거리였어!
여기에는 뚱뚱한 고양이 동상이 있는데,
고양이의 배를 만지며 소원을 빌면 소원이 이뤄진다지 뭐야!
거리에는 노래하고, 춤추는 사람도 많았어.
"어? 노래가 익숙하다 싶었는데, 이건 우리나라 노래잖아?"
선애 말대로 러시아 애들이 우리나라 노래에 맞춰 공연을 하고 있더라고!
신이 난 우리는 노래를 따라 부르며 박수쳤어.

바우만 거리에서 공연도 자주 하나 봐요? ▶ 카잔의 최대 번화가라 다양한 길거리 공연이 많이 열려. 우리나라 K-pop에 맞춘 댄스 공연도 종종 볼 수 있대!

해가 질 무렵, 선생님께서 특이한 전망대에서 노을을 보자고 하셨어.
특이한 전망대라니, 대체 무슨 말씀이시지?
그런데 멀리 거대한 솥단지처럼 생긴 건물이 보였어!
"헐! 설마 저기로 올라가는 거예요? 큰 솥 같은데!"
알고 보니 이 건물은 결혼 등록을 하는 곳이래. 이름은 '패밀리 센터'!
아무튼 큰 솥 위에 올라가려니 영~ 기분이 이상했어. 헤헤.
우리는 붉은 노을을 감상하며, 노을을 배경으로 인증 사진도 찍었지. 찰칵!

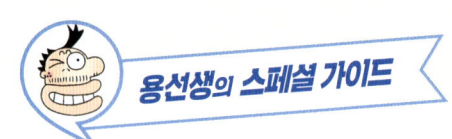

알록달록 다양한 러시아의 민족

러시아에는 타타르인을 포함하여 190여 개의 소수민족이 있어. 소수민족들은 지금도 민족 고유의 언어와 문화를 지키며 살아가지. 넓디 넓은 러시아 땅에 어떤 민족들이 살고 있는지 알아볼까?

타타르인
러시아에서 두 번째로 수가 많은 민족이야. 주로 우랄산맥 서쪽에 모여 살고, 이슬람교를 믿는 사람이 많대.

네네츠인
북극에 가까운 지역에서 순록을 키우며 살아간대. 순록 가죽으로 옷, 신발을 만들고 고기를 얻기도 하지.

모스크바

옐리스타

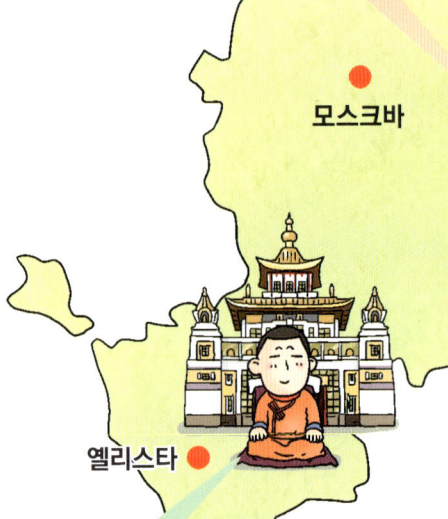

▲ 황금 사원

칼미크인
칼미크인은 러시아 서남부에 모여 살아. 특이하게도 불교를 믿는 민족이지. 칼미크인이 가장 많이 모여 사는 도시에는 유럽 최대의 불교 사원인 황금 사원이 있어.

야쿠트인
시베리아 북동쪽에서 말, 순록을 키우거나 사냥하는 민족이야. 야쿠트인이 키우는 말은 털이 북슬북슬해서 강한 추위에도 잘 견딜 수 있대.

나나이인
중국과 가까운 지역에 사는 민족이야. 주로 강가에 살면서 물고기 가죽으로 만든 옷과 신발을 사용했대.

이르쿠츠크

블라디보스토크

▲ 부랴트인의 서낭당

부랴트인
몽골과 가까운 바이칼 호수 주변에 사는 민족이야. 우리와 생김새가 비슷하지. 씨름에 샅바를 사용하고, 마을에 서낭당을 세우는 등 풍습도 비슷해.

81

사다리 타기

아이들이 야쿠트인이 키우는 말을 타보고 싶대. 하지만 말을 탈 사람은 단 한 명! 야쿠트인의 말을 타게 되는 사람은 누구일까?

날 타보겠다고?!

장하다, 시베리아 횡단 열차에서 로맨스를 꿈꾸다!

시베리아 횡단 열차

시베리아 횡단 열차
(먹고, 놀고, 씻고, 자고!)

시베리아 횡단 열차

"얘들아, 앞으로 37시간 동안 이 기차에서 먹고 잘 거야!"
헐! 좁은 기차에서 하루하고도 반이나 지내야 하다니!
걱정도 됐지만 두근거리는 마음으로 기차를 탔지.
무거운 가방을 들고 낑낑거리며 우리 자리를 찾아갔어.
아쉽게도 1~2등석 자리가 금방 다 팔려서, 우리 좌석은 3등석!
기차 한 칸에 2층 침대가 복도를 중심으로 죽 놓여 있었어.
신기해!!

시베리아 횡단 열차가 뭐예요?

▶ 세계에서 가장 긴 시베리아 횡단 철도를 달리는 기차야. 철도는 수도 모스크바부터 동쪽 끝 블라디보스토크까지 연결되어 있지. 자세한 이야기는 조금 이따 해줄게~

"가위바위보! 이겼다! 난 2층~."

앗, 나도 2층에서 자고 싶었는데 가위바위보에서 지고 말았어.

침대 밑에 가방을 넣고, 내 자리를 정리했지. 하얀 이불과 베개, 수건까지 주더라!

기차가 출발하자 영심이는 세수를 하겠다고 화장실을 찾았어.

그런데 줄이 어찌나 긴지 한참 기다려야 되더라고.

그래서 난 기차에서 내릴 때까지 안 씻고 버티기로 결심했지!

눈 위를 달리는 시베리아 횡단 열차

1~2등석은 얼마나 더 좋아요?
▶ 1~2등석은 모두 작은 방으로 나뉘어져 있어! 1등석은 방마다 침대가 두 개씩 있어서 두 명이 여유롭게 쓸 수 있고, 2등석은 한 방에 2층 침대가 두 개라 네 명이 생활하게 돼.

꼬르륵~ 어김없이 울리는 나의 배꼽시계!
기차 안에 근사한 식당이 있다길래 다 같이
줄지어 찾아갔어. 메뉴가 여러 개라
뭘 먹을까 고민이 많이 되더군.
고민 끝에 **흑빵**이랑 잘 어울리는
올리비에 샐러드와 스테이크 요리를 주문했지.
샐러드와 스테이크에 감자가 들어 있는데
러시아 감자는 신기하게 달더라!
힉힉 지나가는 바깥 풍경을 보며 먹으니 더 꿀맛!

야채를 마요네즈에 버무린 올리비에 샐러드

감자를 곁들인 스테이크

기차 안에서 샤워를!

여유롭게 책 읽고, 음악 감상도 하고~

새로운 친구 사귀기!

기차 안에서 어떻게 시간을 보내는지 볼까?

"킁킁, 어디서 땀 냄새가 나는데?"
기차 안이 더워서 그런지 땀이 많이 났나 봐.
별수 없이 나도 씻기로 했어!!
뭐, 기차 안에서 씻어보는 것도 특별한 경험이잖아?
내가 씻는 동안 수재는 책 읽고, 선애는 음악을 들으며 자유 시간을 보냈대.
영심이는 러시아인 친구가 생겼다고 자랑하더라고!
흥, 내가 없는 사이에 다들 재밌게 보냈네!

샤워를 하려면 어떻게 해야 해요?
▶ 좋은 열차에는 샤워 시설이 따로 있어. 열차를 관리하는 차장님에게 이야기하고 우리 돈으로 약 3,000원 정도 내면, 따뜻한 물로 샤워할 수 있는 장소를 알려줄 거야.

기차 안 온수기 사모바르

기차 안에서 맞는 아침!

어디서든 잘 자는 나는 어제도 엄청 잘 잤어.

아침으로 한국에서 싸 온 간편식을 먹기로 했지.

한국 음식이 너~무 그리웠거든!

컵라면, 육개장, 컵밥, 참치 캔, 김치…….

다들 **우걱우걱** 맛있게 먹었어.

"오랜만에 한국 음식 먹으니 살 것 같아요~."

우리와 자리가 가까운 사람들과도 나눠 먹었어.

가방 가득 채워 온 보람이 있네~ **호호!**

 기차 안에서 컵라면을 어떻게 먹어요?

▶ 열차 칸 사이에는 24시간 뜨거운 물을 받을 수 있는 '사모바르'라는 온수기가 있어. 이 사모바르 덕분에 컵라면 같은 즉석식품을 먹을 수 있지.

"얘들아, 이 역에서는 20분 정도 쉬었다 간대.

잠깐 내려서 바깥 공기 좀 쐴까?"

후하~ 오랜만에 땅을 밟고 바깥 공기를 마시니 엄청 상쾌했어.

팔다리를 쭉쭉 펴며 스트레칭도 했지.

오오, 저건 매점이잖아?

시원한 음료수, 우유맛 아이스크림….

사고 싶은 게 너무 많네!

앗! 그런데 어제 내가 컵라면을 나눠줬던 러시아 여자아이가 내리잖아?

나는 냉큼 뛰어가서 내 SNS 아이디를 적어줬어. 헤헤, 꼭 연락해~!

아무 역에서나 내릴 수 있나요?
▶ 큰 역에서만 오래 정차하기 때문에 그때만 내릴 수 있어. 정차 시간이 짧으면 열차 관리인이 못 내리게 한대!

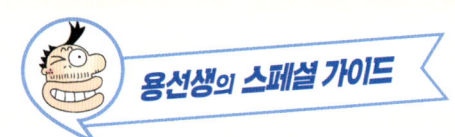 용선생의 스페셜 가이드

숫자로 보는 시베리아 횡단 철도

러시아는 추운 겨울이 길고 눈도 많이 와서 길이 자주 얼어붙어. 그래서 철도가 가장 중요한 교통수단이지. 러시아 구석구석을 연결한 철도는 러시아 발전에 큰 역할을 했어. 그중에서도 수도 모스크바부터 동쪽 끝 블라디보스토크를 연결하는 시베리아 횡단 철도는 세계에서 가장 긴 철도야! 우리가 오늘 탔던 열차가 달린 길, 시베리아 횡단 철도에 대해 알아볼까?

건설 기간 25년

지구 둘레의 4분의 1이나 돼!

총 길이 9,288킬로미터

모스크바에서 블라디보스토크까지 1등석과 3등석의 가격 차이 3~4배

러시아 철도 노선도

모스크바

러시아 철도의 길이를 다 합치면 약 8만 6천 킬로미터래. 지구 두 바퀴 정도 되는 길이지.

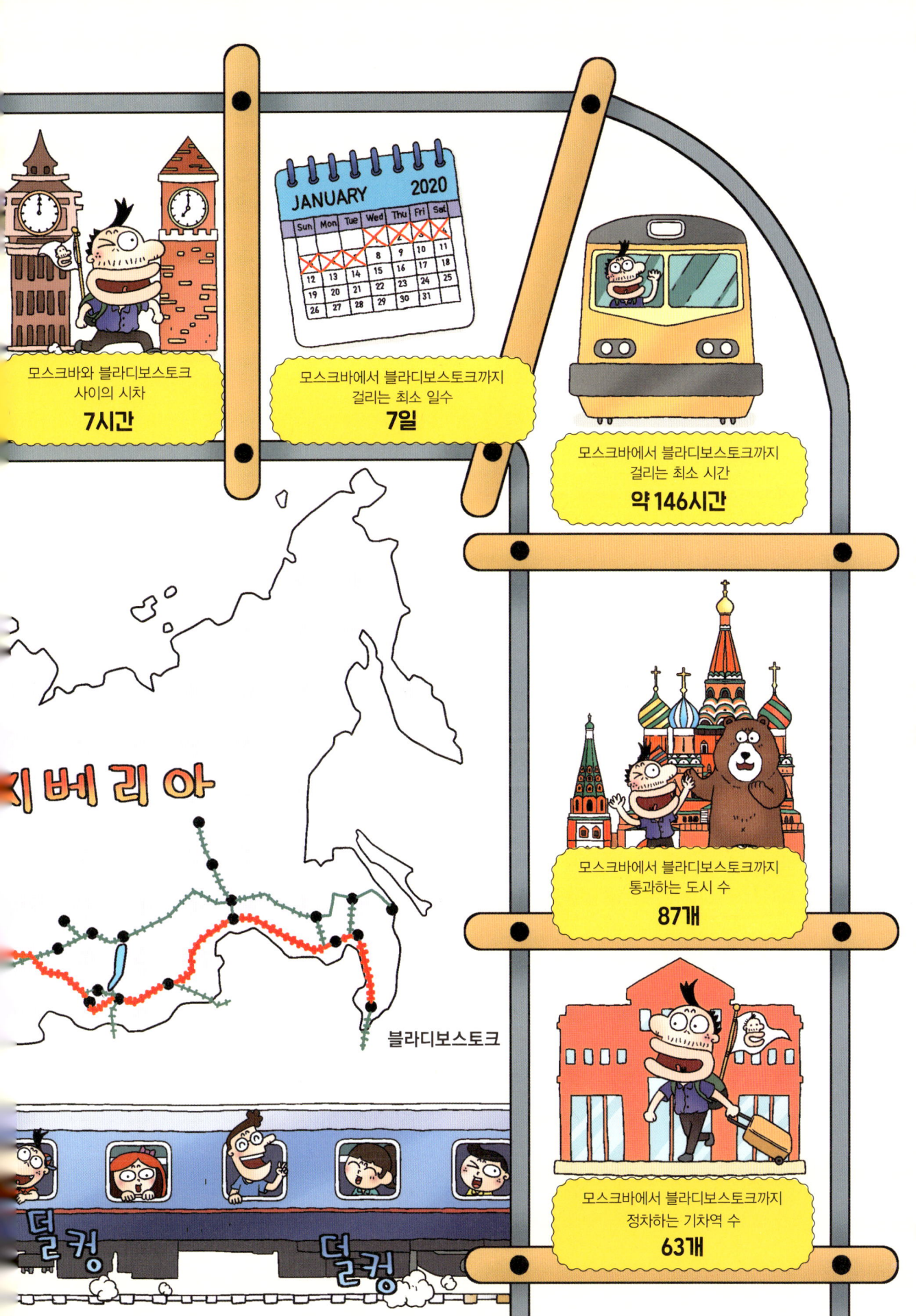

가방 도둑 찾기

식당 칸에 다녀온 사이 영심이의 가방이 없어졌어.
주변 사람들의 이야기를 들어보고 범인을 찾아줘!

왕수재, 철도 박사가 되다!

노보시비르스크

● 노보시비르스크 기차역  ● 철도 박물관  ● 전통 사우나 바냐

교통의 중심지 노보시비르스크

드디어 우리의 목적지 **노보시비르스크** 도착!  찌뿌둥하다!

"와~ 기차역이 엄청 넓어요!"

선생님이 그러시는데 이 기차역은 러시아에서도 손꼽힐 만큼 크대.

노보시비르스크는 '**새로운 시베리아**'라는 뜻인데, 횡단 철도를 놓으러 온 사람들이 모여 살던 마을이 이렇게 커진 거라더라고~!

지금은 러시아에서 세 번째로 인구가 많은 대도시라지 뭐람?

"얘들아, 여기서는 기차로 카자흐스탄까지 갈 수 있어!"
선생님의 말에 아이들이 깜짝 놀랐나 봐. 눈이 엄청 커졌어!
후후, 철도 박사인 나는 이미 알고 있었는데 말이지!
노보시비르스크는 철도 교통의 중심지라서
세계 방방곡곡으로 철도가 연결돼 있다고!
그래서 승강장도 엄청나게 크고,
그만큼 오가는 사람도 많지.

노보시비르스크 기차역과 광장

12:45 노보시비르스크　　　모스크바 **08:45**

	도착역	출발 시간
01	모스크바	12:50
02	블라디보스토크	12:55
03	알마티(카자흐스탄)	13:00
04	타슈켄트(우즈베키스탄)	13:10
05	비슈케크(키르기스스탄)	13:20
06	이르쿠츠크	13:30

어휴, 중국까지 가려면 얼마나 오래 걸릴까?

모스크바랑 시차가 4시간이나 나네!

? 노보시비르스크랑 모스크바는 왜 시간이 달라요?

▶ 러시아는 워낙 넓은 나라라, 러시아 안에서도 시차가 있단다. 동쪽 끝과 서쪽 끝은 최대 11시간이나 차이가 나.

📍 철도 박물관

노보시비르스크에는 철도 박사인 내가
꼭 가 봐야 할 곳이 있지. 바로 **철도 박물관**이야.
무려 **60대**가 넘는 기차가 전시된 곳이라고!
알록달록 다양한 색깔의 열차들이 가득해서 꼭 놀이공원에 온 기분이 들었어.
처음에는 기차에 관심 없던 애들도 흥미를 보이기 시작했지.
신이 난 나는 이 기차, 저 기차 설명하기 시작했어.

예배를 드릴 수 있는 열차 칸

 철도 박물관은 노보시비르스크에만 있나요?
▶ 그렇지 않아. 유럽에서 가장 큰 철도 박물관이 상트페테르부르크에 있고, 모스크바에도 크고 작은 박물관들이 있단다.

왕수재의 철도 박물관 가이드

신기한 기차들이 많네요! 또 어떤 기차들이 있나요?

▶ 전쟁터에서 사용되었던 병원 기차, 러시아 황제가 타던 기차, 물건을 실어나르는 기차 등 재미있는 기차들이 많아! 그만큼 기차는 러시아 사람들의 생활과 밀접한 교통수단이지.

러시아 전통 사우나 바냐

오랜 시간 박물관을 돌아다니니 다들 피곤했어.
"얘들아, 많이 피곤하지? 이럴 때 딱 맞는 장소가 있단다!"
우리는 눈을 반쯤 감은 채로 선생님을 따라갔어.
도착한 곳은 러시아 전통 사우나 바냐!
와, 러시아에도 사우나가 있구나?
우리는 따끈한 바냐에서 피로를
풀기로 했지.

숲속에 있는 바냐

러시아 사람들도 사우나를 해요?

▶ 응. 러시아의 겨울은 영하의 온도가 계속되는 추운 날씨야. 그래서 러시아 사람들은 추위를 견디기 위해 바냐를 즐긴단다.

바냐가 처음인 우리는 러시아 사람들을 따라 했어.
뜨겁게 달궈진 돌에 물을 뿌려 사우나 온도를 올리고,
자작나무 가지로 몸을 두드렸지.
이렇게 하면 몸에 피가 잘 돌아서 건강해진다나?
따라 해보니까 나무의 은은한 향이 퍼져서 기분이 좋았어.
"어흐~ 시원하다~!"
헤헤, 선생님 할아버지 같아요!

사우나 후 눈밭에서 더위를 식히는 러시아 사람

러시아 사람들은 언제부터 바냐를 즐겼나요?

▶ 천 년도 더 됐어. 처음에 러시아 사람들은 나쁜 기운을 씻어내고 몸을 치유하기 위해 바냐를 이용했대.

용선생의 스페셜 가이드

러시아 겨울 탐구 생활

러시아는 1년의 절반이 추운 겨울이야.
그러다 보니 길고 혹독한 겨울을 나기 위해 여러 문화가 발달했지.
러시아의 겨울 생활에 대해 아이들이 조사한 내용을 함께 살펴볼까?

1926년에 영하 71.2도까지 내려간 걸 기념하는 탑이야.

추운 겨울을 즐기는 방법

겨울이 길고 춥다 보니 러시아 사람들에게 **겨울 스포츠**는 일상이야. 그래서 도시 곳곳에 실내외 스케이트장이 있고, 아이스하키도 인기가 좋아.

세상에서 제일 추운 마을, 오이먀콘

세계에서 가장 추운 마을이 러시아에 있다는 거 알고 있니? 러시아 극동 지역에서도 북서쪽에 있는 오이먀콘이라는 곳인데, **영하 71.2도**까지 내려간 적이 있대. 생각만 해도 너무 춥다! 후덜덜!

추위를 이기는 데는 몸을 따뜻하게 해 주는 보드카만 한 게 없지! 보드카는 러시아의 전통술이야.

 **러시아 사람들의 필수품, 샤프카**

러시아에서 꼭 필요한 물건이야. 특히 추운 겨울에는 털모자를 꼭 써야 한대. 주로 여우나 밍크, 흑담비의 털로 만들어진 **샤프카**는 추위를 이길 수 있게 할 뿐만 아니라 겨울 패션의 완성이기도 해!

 **오들오들 추울 때는 따뜻한 차 한잔!**

러시아 사람들은 따뜻한 차를 좋아해. 그래서 언제든 쉽게 차를 따라 마실 수 있는 이런 찻주전자도 있지. 이름은 러시아어로 **'사모바르'**인데 '스스로 끓는다'는 뜻이야. 예쁘고 화려해서 인테리어 소품으로도 딱이지 뭐야!

 **추위에는 뭐니 뭐니 해도 잘 먹는 게 최고!**

러시아는 날씨가 춥다 보니 싱싱한 야채가 귀해. 그래서 기름진 고기 요리와 국물 요리가 많지. 그리고 서늘한 기후에서도 잘 자라는 **감자나 호밀**로 만든 음식이 발달했어. 특히 호밀로 만든 흑빵은 영양이 풍부해서 건강까지 챙길 수 있지. 또 소금에 절인 음식도 많이 만들어 뒀다가 긴 겨울에 먹어서 비타민을 보충해. 거기에 엄청 달콤한 초콜릿을 먹으며 추위를 이겨낸대.

101

다른 그림 찾기

휴우~ 후끈후끈 사우나를 하고 나니 뭔가 달라졌네?
모두 일곱 군데야. 어디가 달라졌는지 찾아볼까?

곽두기, 바이칼 호수에서 일광욕을 하다!

체르스키 전망대 ▶ 바이칼 호수 ▶ 네르파 아쿠아리움 ▶ 노천 시장

세계에서 가장 깊은 호수 **바이칼 호수**

오늘은 러시아의 자연을 만끽하기로 한 날!

선생님은 우리에게 멋진 풍경을 기대하라며 큰소리치셨지.

"우아~ 바다다! 여름엔 역시 바다죠!"

하다 형이 체르스키 전망대에서 아래를 내려다보며 외쳤어.

"흐흐, 여기는 바다가 아니라 호수란다! 바이칼 호수!"

헐! 호수라니! 여기는 '시베리아의 진주'라는 별명이 있는 **바이칼 호수**였어.

꼭 바다처럼 넓어 보였는데, 아니나 다를까 바이칼 호수 안에는

섬도 27개나 있대! 세상에나!

부웅~

바이칼 호수에서 가장 큰 알혼섬

호수 안에 큰 섬도 있나요?
▶ 바이칼 호수에서 가장 큰 섬은 알혼섬이야. 인구는 2천 명도 안 되는 섬인데 놀랍게도 서울보다도 넓어!

바이칼 호수

시베리아 남부에 있는 세계에서 가장 깊은 호수야. 최고 수심은 1,637미터나 되고, 지구 전체 민물의 5분의 1이 여기 있대.

겨울이면 꽁꽁 얼어붙는 바이칼 호수

호숫가 풍경은 더욱 바다 같았어. 모래사장도 있고, 파도도 쳤거든!

물놀이를 즐기는 사람도 많았지.

"우리도 오늘 물놀이해요?"

잔뜩 들뜬 하다 형이 방방 뛰며 말했지.

선생님은 미리 물놀이 준비물을 챙겨왔다며, 마음껏 놀라고 하셨어.

야호! 선생님 최고!

맑고 차가운 물에 몸을 담그니 더위가 싹 가셨어~!

호수가 진짜 맑아요! 어느 정도 깊이까지 보일까요?

▶ 바이칼 호수는 지구에서 가장 깨끗하고 오염되지 않은 호수로 꼽힐 정도로 물이 맑아. 그래서 물 밑 최고 40미터까지 보인대!

한바탕 물놀이 후 그늘에서 간식을 먹으며 쉬었어.
"바이칼 호수에 귀여운 물범이 산다고 들었어요!!"
영심이 누나가 깜찍한 물범 사진을 보여주며 말했지.
그 물범의 이름은 네르파인데, 정말 운이 좋아야
볼 수 있대. 그런데 이 호수에는 네르파 말고도
흑담비, 수달, 시베리아 철갑상어 등
2,500여 종류가 넘는 동식물이 산대. 신기하다!

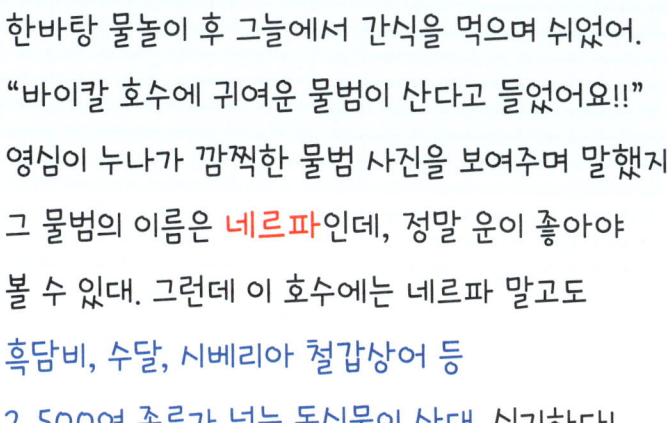

바이칼 호수에 사는 흑담비

하늘다람쥐 · 흰꼬리 독수리 · 네르파 · 오물 · 무스

바이칼 호수는 희귀한 동물들의 보금자리야.

멸종 위기인 동물이 많아서 잘 지켜줘야 돼!

바이칼 호수에 왜 그렇게 많은 동물이 살아요?

▶ 바이칼 호수는 생겨난 지 오래됐고, 일반적인 호수와는 달리 물 속 깊은 곳까지 산소가 풍부하대. 게다가 스스로 오염 물질을 거르는 정화 능력이 뛰어나다고 해.

바이칼 호수에 사는 네르파

"네르파를 직접 못 봐서 너무 아쉬워요…."
선생님은 네르파를 볼 수 있는 곳이 있다며 우리를 이끌었어.
따라가 보니 **네르파 아쿠아리움**이었지.
네르파들은 조련사의 지시에 따라 열심히 움직였어.
훌라후프도 하고, 농구도 하고, 박수도 치고!
묘기를 보고 있으니 시간이 어떻게 가는지 모르겠는걸?!
너무 귀엽다~!

바위 위에 누워 있는 네르파

네르파는 쉽게 보기 어려운가요?
▶ 응. 멸종 위기종인 네르파는 바이칼 호수에만 살아. 지금은 약 13만 마리 정도 살고 있는데, 러시아 정부에서 아주 엄격하게 보호하고 있대.

시장에서 파는 말린 오물

오물로 만든 수프

"킁킁, 어디서 맛있는 냄새가 나는데요?"
하다 형이 콧구멍을 벌름거렸어.
저녁을 먹으러 가까운 시장에 갔는데,
생선 냄새가 진동하지 뭐야!
여기서 파는 생선들은 대부분 바이칼 호수에서 잡은 물고기래.
맛이 궁금해서 저녁으로 먹기로 했지. 어휴, 오늘도 배가 빵빵하네!

바이칼 호수에서만 맛볼 수 있는 물고기가 있나요?

▶ '오물'이라는 물고기가 있어. 주로 굽거나 훈제해서 먹는데, 생선 살이 매우 담백한 맛이야. 아쉽게도 멸종 위기라서 이제는 쉽게 먹을 수 없대.

알고 보면 풍요로운 땅, 시베리아

시베리아는 러시아 땅의 3분의 2나 차지할 정도로 넓어. 엄청 춥고 척박한 땅이어서 사람이 살기에는 적합하지 않아. 하지만 시베리아에는 귀중한 보물들이 숨어 있지. 그 보물들을 시베리아 숲에 살고 있는 불곰이 소개해준대!

▲ 넓디 넓은 시베리아

목재 자원이 풍부한 땅

시베리아의 대부분은 드넓은 숲이야. '**타이가**'라고도 하지. 타이가의 나무는 부드럽고 곧게 자라는 데다가 잔가지도 적어서 가공하기 편해. 그래서 목재는 러시아의 주요 수출품 중 하나야.

▲ 쌓여 있는 목재들

러시아를 먹여 살리는 에너지 자원

시베리아에는 귀중한 천연가스, 석탄, 석유가 아주 많이 묻혀 있지. 러시아는 특히 석유, 가스를 이웃 나라에 수출해 큰돈을 벌어.

▲ 석유를 추출하는 모습

한국도 매년 러시아에서 석유를 수입한다던데~

에너지 운반은? 송유관이나 가스관으로!

러시아는 기다란 관을 통해서 석유와 천연가스를 다른 나라로 보내. 석유와 천연가스를 나르는 관은 수천 킬로미터 너머 주변 여러 나라까지 연결되어 있지.

유럽에 주로 수출하는데, 그 양이 유럽에서 쓰이는 천연가스의 3분의 1 정도지!

▲ 가스관을 연결하는 모습

없는 게 없는 시베리아 땅속

드넓은 시베리아에는 철, 구리, 금부터 다이아몬드까지 다양한 광물이 엄청 풍부해. 전 세계 다이아몬드의 4분의 1이 생산될 정도야.

땅에 엄청나게 큰 구멍이 뚫려 있지? 여기가 바로 다이아몬드 광산이야.

▲ 다이아몬드 광산

미로 찾기

아기 네르파가 엄마 네르파를 잃어버렸대.
불쌍한 아기 네르파를 엄마 네르파에게 데려다 주자!

나선애, 블라디보스토크에서 새로운 먹방 스타가 되다!

블라디보스토크 기차역 ▸ 독수리 전망대 ▸ 잠수함 박물관 ▸ 신한촌 기념비

러시아 동쪽 끝 항구 도시 블라디보스토크

드디어 시베리아 횡단 철도의 종점, 블라디보스토크에 도착했어!
블라디보스토크는 러시아 동쪽 끝에 있어.
그래서 모스크바에서는 9,000킬로미터 넘게 떨어져 있지만,
우리나라에서는 비행기로 두 시간이면 올 수 있을 만큼 가깝대!
여기가 러시아 여행의 마지막 도시라니, 너무 아쉬운걸?

시베리아 횡단 철도 노선도

- 자자, 얘들아 기념사진 찍자!
- 우리나라랑 엄청 가깝네!
- 그래서 우리나라 관광객이 많구나!
- 우아! 서울과 부산을 10번 넘게 왔다갔다 하는 거리네!
- 누나, 여기 9,288킬로미터라고 새겨져 있어!

'블라디보스토크'는 어떤 뜻인가요? ▶ '동방을 지배하라.'는 뜻이야. 블라디보스토크는 러시아 극동의 최대 항구 도시이자 해군 기지가 있는 곳이거든.

여기 독수리도 없는데 왜 독수리 전망대예요?

전망대가 있는 이 언덕 이름의 뜻이 '독수리 둥지'거든.

우리는 블라디보스토크에서 가장 높은 언덕에 있는 **독수리 전망대**에 올라갔어.
"저쪽에 큰 배들이 엄청 많아요!"
두기가 손가락으로 가리키는 곳을 보니 짐을 실은 화물선이 보였지.
알고 보니 **블라디보스토크는 매우 중요한 항구**래.
이 항구를 거치면 가까운 우리나라, 중국, 일본뿐만 아니라 태평양 건너 미국까지도 쉽게 갈 수 있다나?!

화물이 가득한 블라디보스토크 항구

 우리나라에서도 배로 갈 수 있나요? ▶ 응. 강원도에서 크루즈를 타고 하루 정도 가면 다음날 블라디보스토크 항구에 도착해.

잠수함 박물관

거리를 걷다가 멀리 보이는 거대한 물체를 보고 깜짝 놀랐어.
길 한가운데 초록색 잠수함이 떡 하니 있더라고!
"이 잠수함은 모형이 아니라 진짜로 전쟁에 쓰였던 잠수함이야."
헐! 전쟁에 쓰인 잠수함을 보게 될 줄이야! 블라디보스토크는 군사적으로 아주 중요한 도시라서, 지금도 러시아 해군 기지가 있다지 뭐야?
잠수함 안을 직접 볼 수 있다길래, 설레는 마음으로 안에 들어갔지.

잠수함이 이렇게 클 줄이야!

잠수함은 태어나서 처음 봐.

빡

아얏! 너무 좁잖아!

블라디보스토크에서는 매일 정오에 대포 소리가 들린다던데요?

▶ 블라디보스토크에서는 매일 정오에 군함이 정박한 해안로에서 대포를 쏜대. 해군 기지의 전통이라는데, 모르고 들으면 전쟁 난 줄 알 거야!

헉! 생각보다 실내가 답답해서 깜짝 놀랐어. 특히 잠수함의 방과 방을 연결하는 통로는 몸을 잔뜩 웅크려야 지나갈 수 있을 정도로 좁았지.
"아얏! 머리 부딪혔어~ 힝!"
휴, 나는 조심조심 돌아다니며 잠수함을 구석구석 구경했어. 잠망경*과 군인들이 잠을 자던 침대도 구경했지.
* 잠수함에서 쓰는 망원경
어떻게 이렇게 좁고 불편한 침대에서 잤는지 신기했어.

선생님 이건 뭐예요?

제2차 세계 대전 때 희생된 이름 모를 러시아 용사들을 기리기 위해 항상 불을 피워 놓는단다.

이 침대 보니까 우리가 탔던 기차 생각난다! 크크.

독립운동가들이 살았던 신한촌

"앗, 여기는 누구 무덤이에요?"

이번엔 웬 비석이 보이지 뭐야? 선생님께서 진지한 얼굴로 이야기를 꺼내셨어.

옛날에 블라디보스토크에는 **신한촌**이라는 마을이 있었대.

일제 강점기에 러시아로 건너온 독립운동가들이 우리나라의 독립을 위해 활동하며 살았던 마을이지. 안타깝게도 이제 마을은 흔적도 없이 사라졌고, 그 자리에 이 기념비가 세워진 거래. 우리는 기념비 앞에 꽃을 올려 두고 묵념했어.

신한촌 기념비

3·1운동 80주년을 맞아 1999년에 만들어진 기념비야.

'민족 최고의 가치는 자주와 독립이다.'

이렇게 먼 나라에서도 독립을 위해 애쓰시다니….

신한촌은 언제 만들어졌나요?

▶ 한국인들이 블라디보스토크에서 마을을 이루며 산 건 1800년대 후반, 이곳 신한촌으로 옮겨와 살기 시작한 건 1911년부터야. 독립운동의 중심지가 되었던 신한촌에는 당시 만 명가량의 한국인들이 살았대.

러시아에서의 마지막 저녁 식사 시간! 선생님은 블라디보스토크에서 꼭 먹어야 할 음식이 있다고 바로 주문하셨지.
바로 **킹크랩**과 **곰새우**였어!
둘 다 낯설었지만, 쫄깃하고 신선한 게 정말 최고였어. 다들 허겁지겁 먹느라 순식간에 껍데기만 남았지 뭐야.
히히, 마지막까지 즐거웠어.
"러시아~ 안녕! 다음에 또 올게!"

차갑고 깊은 바다에서만 사는 곰새우

블라디보스토크 킹크랩이 왜 유명해요?

▶ 러시아 주변 바다에서 잡힌 킹크랩은 크기도 정말 크고, 살도 꽉 차 있거든. 씹을수록 단맛이 나서 인기가 높지.

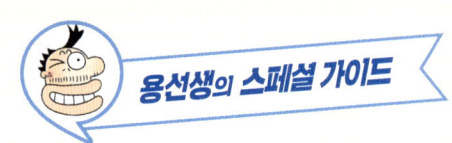

용선생의 스페셜 가이드

모르고 지나가면 아쉬운 러시아의 도시들

러시아는 엄청 큰 나라인 만큼 우리가 못 가본 도시가 많아.
이번에는 시간이 없어서 못 갔지만,
다음에 꼭 가 보고 싶은 러시아 도시들을 소개해줄게!

유럽과 아시아의 분기점, 예카테린부르크

예카테린부르크는 유럽과 아시아의 경계에 있는 도시로 불려. 러시아에서 네 번째로 크지. 우랄산맥이 가깝고 광산이 발전했어. 풍부한 자원 덕분에 산업 중심지로 성장했단다.

유라시아 분기점
유럽과 아시아를 가르는 유라시아 분기점이야. 유라시아는 유럽과 아시아를 묶어 부르는 말이지. 이 탑을 중심으로 서쪽은 유럽, 동쪽은 아시아로 나뉜단다. 예카테린부르크 주변 곳곳에 이런 표시가 있대.

시베리아의 파리, 이르쿠츠크

이르쿠츠크는 바이칼 호수의 서쪽에 있는 도시야. 황량한 시베리아에 자리 잡은 화려한 유럽식 도시라서 '시베리아의 파리'라는 별명이 있지. 이르쿠츠크는 시베리아 동쪽 경제와 문화의 중심 도시란다.

안가라강과 보고야블렌스키 성당
안가라강은 바이칼 호수에서 흘러 나가는 유일한 강이야. 한겨울에도 얼지 않고 물안개가 가득 피어오른대. 안가라강 강변에 있는 보고야블렌스키 성당은 알록달록한 색깔로 눈에 확 띄어서 유명하지.

고려인을 만날 수 있는 도시, 하바롭스크

하바롭스크는 블라디보스토크에서 열차 타고 하룻밤 자면 도착하는 도시야. 블라디보스토크와 함께 러시아의 동부 지역을 대표하는 대도시지. 시베리아 횡단 철도의 마지막 철교 구간이 바로 이곳에 있어. 또 일제 강점기 전후 우리나라를 떠나온 동포, 고려인도 많이 살고 있지.

까레이스끼 샐러드
고려인들은 러시아에서 오래 전부터 새콤달콤한 당근 샐러드를 만들어 먹었대. 일종의 김치인데, 러시아어로 '한국식 샐러드'란 뜻에서 이렇게 불러. 현지인들도 즐겨 찾는 음식이래.

하바롭스크 축제에서 부채춤을 선보이는 고려인

숨은 단어 찾기

우리가 10일 동안 러시아를 여행하면서 알게 된 단어가 숨겨져 있어.
모두 10개야. 아래 힌트를 읽고 함께 찾아볼까?

크	롱	네	르	파	마	트	료	시	카
고	렘	예	르	미	타	시	베	리	아
유	려	린	펠	메	니	리	굼	이	바
붉	리	인	카	잔	블	린	러	코	실
은	옴	가	모	스	크	바	넵	프	리
광	네	폴	가	치	탈	냐	튜	스	성
장	바	이	칼	린	마	린	스	키	땅
한	강	푸	시	킨	곰	표	곰	새	우
백	야	레	오	물	야	쿠	트	발	레
정	교	닌	보	르	시	타	타	르	인

아래 힌트를 보고 답을 찾아 봐~

❶ **러시아의 수도**는?
❷ **모스크바 한가운데 무덤이 있는 사람**으로, 러시아에 혁명을 일으켰어.
❸ 옛날 **러시아 도시에 있던 성채**를 가리키는 말이야.
❹ **상트페테르부르크에 흐르는 강**이야.
❺ 러시아 ○○회는 **러시아 사람들의 대부분이 믿는 종교**야. 크리스트교의 한 갈래지.
❻ **러시아 땅의 3분의 2**는 ○○○○야. 사람이 살기는 어렵지만 온갖 자원이 풍부하지.
❼ **러시아 전통 사우나** 이름은?
❽ **세계에서 가장 깊은 호수**로, 귀여운 네르파가 사는 곳이야.
❾ 열고 또 열어도 똑같이 생긴 인형이 계속 나오는 **러시아 전통 나무 인형**은?
❿ 상트페테르부르크는 '○○○**의 도시**'라는 뜻이지.

# 안녕~ 러시아!

여행은 즐거웠니?
여행하며 배운 내용을 다시 한번 확인해 볼까?

퀴즈로 정리하는 러시아

러시아 땅은 어떻게 생겼을까?

 지리

다음 설명을 읽고, 알맞은 단어에 동그라미 쳐 보자.

1. 러시아는 세계에서 (인구가 가장 많은 / 국토가 가장 넓은) 나라야.

2. 러시아에서는 밤이 되어도 해가 지지 않는 현상인 (백야 / 흑야) 현상을 볼 수 있어.

3. (상트페테르부르크 / 블라디보스토크)는 러시아에서 두 번째로 큰 도시야. 서유럽으로 나가는 길목이어서 지리적으로 매우 중요한 곳이었지.

러시아는 어떤 역사를 가지고 있을까?

역사

보기 에서 알맞은 단어를 찾아 빈칸에 써 보자!

보기) 카잔, 소련, 신한촌, 수즈달, 레닌, 유리 가가린, 마트료시카, 스탈린

4. 레닌은 러시아 혁명 이후 나라 이름을 (   )으로 바꾸었어.

5. (   )은 인류 최초의 우주 비행사야. 세계 최초로 우주선을 타고 지구 한 바퀴를 도는 데 성공했지.

6. (   )은 일제 강점기에 러시아로 건너온 우리나라 독립운동가들이 살던 마을이야.

124

문화 — 러시아 사람들은 어떤 모습으로 살아갈까?

다음 문장을 읽고, 알맞은 답을 골라 보자.

7. 러시아에는 190여 개의 소수민족이 사는데, 그중 (   )은 러시아에서 두 번째로 수가 많은 민족이야.
   ① 부랴트인   ② 네네츠인   ③ 타타르인

8. (   )은 러시아 출신의 세계적인 작가야. 대표작으로는 〈삶이 그대를 속일지라도〉라는 시가 있지.
   ① 푸시킨   ② 칸딘스키   ③ 빅토르 최

9. '발레곡의 대가'라 불리는 작곡가 (   )는 〈백조의 호수〉, 〈호두까기 인형〉 등을 만들었지.
   ① 라이카   ② 차이콥스키   ③ 표트르 대제

10. 시베리아 횡단 철도는 세계에서 가장 긴 철도로, 동쪽 끝 종점은 (   )야.
    ① 예카테린부르크   ② 블라디보스토크   ③ 노보시비르스크

경제 — 러시아는 어떤 산업이 발달했을까?

다음 문장을 읽고 옳은 것에는 O, 틀린 것에는 X에 동그라미 쳐 보자.

11. 시베리아에는 러시아를 먹여 살리는 여러 자원이 풍부해. (O , X)

12. 러시아는 우주 과학 기술이 발달해 세계 최초로 인공위성 발사에 성공했어. (O , X)

정답

1일
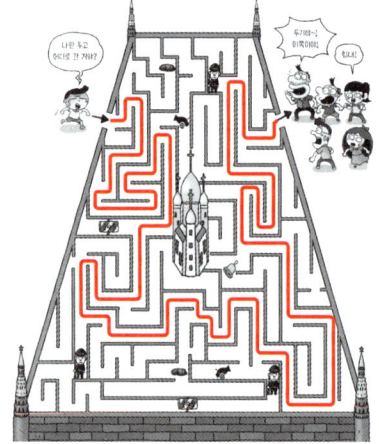

2일

3일

4일

5일

6일

7일

8일

9일

10일

퀴즈로 정리하는 러시아 <정답>

1	국토가 가장 넓은	2	백야	3	상트페테르부르크	4	소련
5	유리 가가린	6	신한촌	7	③	8	①
9	②	10	②	11	○	12	○

나도 곳곳에 숨어 있었는데, 찾았니? 몰랐다면 다시 한번 살펴봐~

〈사진 제공〉

[셔터스톡] Pavel L Photo and Video, Naumova Ekaterina, Mariana Mast, Arthur Lookyanov, Urri, Salvador Aznar, marcobrivio.photo, FotograFFF, Aleksei Savin, Miriam82, AntonovVitalii, Oksana_Shmatok, nikolenko1962, Mikhail Cheremkin, Tatiana Gasich, withGod, Papava, Suparin, Migda Alexander, Mashkova Polina, Starover Sibiriak, SaliVit, Savvapanf Photo, Iakkana savaksuriyawong, Kirill Skorobogatko, Evdoha_spb, S.Z., PunkbarbyO, Alexey Broslavets, Marco Rubino, Martyn Jandula, Popova Valeriya, Irina Remesheva
[Wikipedia] Jorge Láscar, Tim Adams, Mikhail (Vokabre) Shcherbakov, L-BBE, Laika ac, Ludmila Marinsky, Георгий Елизаров, Fumihiko Ueno, Alvesgaspar, Анатолий Лунёв, AlixSaz, Pavlikhin, jimmyweee, Alex 'Florstein' Fedorov, A.Savin, Tony Hisgett, Alexey Nasyrov, Александр Попрыгин, Marie-Lan Nguyen, Andshel, Ilya Varlamov, Stepanovas, Off-shell, Dennis Jarvis / 서진영
※ 퍼블릭 도메인은 따로 표기하지 않았습니다.

용선생이 간다 : 러시아
세계 문화 여행 ②

1쇄 발행 2020년 9월 1일
6쇄 발행 2025년 5월 23일

글 사회평론 역사연구소
그림 뭉선생, 윤효식
자문 및 감수 서진영
캐릭터 이우일
어린이사업본부 이승필
편집 송용운, 김언진, 김형겸, 오영인, 윤선아, 남소영, 양지원
마케팅 윤영채, 정하연, 안은지, 박찬수, 강수림
경영지원 나연희, 주광근, 오민정, 정민희, 김수아, 김승현
디자인 박효영
조판 디자인 톡톡

펴낸이 윤철호
펴낸곳 ㈜사회평론
전화 02-326-1182
팩스 02-326-1626
주소 03993 서울시 마포구 월드컵북로6길 56 사평빌딩
용선생 클래스 yongclass.com
출판등록 1993년 10월 6일 제10-876호

ⓒ 사회평론, 2020
ISBN 979-11-6273-123-9 77900

* 이 책 내용의 일부나 전부를 다시 사용하려면 저작권자와 사회평론의 동의를 받아야 합니다.
* 잘못 만들어진 책은 구입하신 곳에서 바꾸어 드립니다.

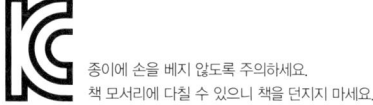

종이에 손을 베지 않도록 주의하세요.
책 모서리에 다칠 수 있으니 책을 던지지 마세요.

내가 만든 러시아 지도

스티커를 붙여서 너만의 지도를 만들어 봐!

러시아 제2의 도시 상트페테르부르크에 있는 미술관으로, 세계 3대 미술관 중 하나

● 상트페테르부르크

유럽과 아시아에 걸쳐 있지.

● 수즈달

우랄산맥

모스크바 ★

● 카잔

모스크바 붉은 광장에 있는 러시아 정교회 성당

이슬람 사원이 있는 카잔의 크렘린

국기 스티커를 붙여 봐!

세계에서 가장 긴 시베리아 횡단 철도를 달리는 기차

● 노보시비르스크

카자흐스탄

내가 만든 **러시아 지도** ★ 알맞은 자리에 스티커를 붙이세요.

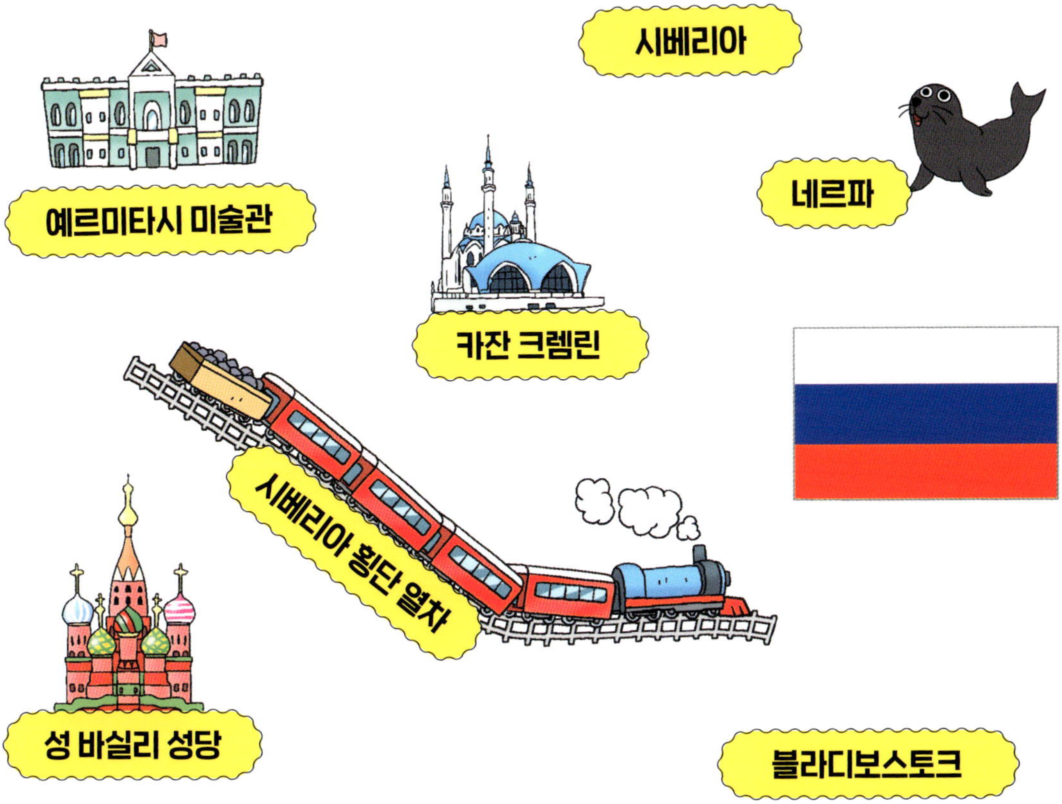

시베리아

예르미타시 미술관

네르파

카잔 크렘린

시베리아 횡단 열차

성 바실리 성당

블라디보스토크

★ 스티커를 자유롭게 붙여 보세요!

《용선생이 간다》 러시아